21世纪经济管理新形态教材·工商管理系列

企业虚拟运营实训教程
——从沙盘推演到企业战略

李军睿　周艳山　刘秀英　袁小量 ◎ 主编

清华大学出版社

北　京

内容简介

企业虚拟运营作为经济管理类学科应用型实训课程,在各高校广泛开展。本书依据作者所在高校虚拟运营实训教学多年经验,以新道科技的"约创"云平台作为实训软件,结合现代企业运营管理思维模式,从沙盘推演入手,引导学生学习解读虚拟运营规则,掌握沙盘推演的全操作流程,学习从市场需求分析、竞争对手分析、运营方案制定、资金测算和利润测算等角度进行一般运营谋划,从经营目标、市场覆盖、产品覆盖和产能扩张等维度制定企业战略。同时,为学生分组虚拟运营实训项目设计指导模板,推动实训项目过程的精细化管理。

本书可作为高等院校经济管理类学生的企业虚拟运营、沙盘模拟经营等课程的实训教材,也可作为大学生企业模拟经营大赛等的辅导用书。

本书封面贴有清华大学出版社防伪标签,无标签者不得销售。
版权所有,侵权必究。举报: 010-62782989, beiqinquan@tup.tsinghua.edu.cn。

图书在版编目(CIP)数据

企业虚拟运营实训教程: 从沙盘推演到企业战略/李军睿等主编. —北京: 清华大学出版社, 2021.10
 21世纪经济管理新形态教材·工商管理系列
 ISBN 978-7-302-59261-7

Ⅰ. ①企… Ⅱ. ①李… Ⅲ. ①企业管理-计算机管理系统-教材 Ⅳ. ①F270.7

中国版本图书馆 CIP 数据核字(2021)第 192799 号

责任编辑: 高晓蔚
封面设计: 汉风唐韵
责任校对: 王凤芝
责任印制: 刘海龙

出版发行: 清华大学出版社
  网　　址: http://www.tup.com.cn, http://www.wqbook.com
  地　　址: 北京清华大学学研大厦 A 座　　　邮　编: 100084
  社 总 机: 010-62770175　　　　　　　　　　邮　购: 010-62786544
  投稿与读者服务: 010-62776969, c-service@tup.tsinghua.edu.cn
  质量反馈: 010-62772015, zhiliang@tup.tsinghua.edu.cn
印 装 者: 三河市金元印装有限公司
经　　销: 全国新华书店
开　　本: 185mm×260mm　　印　张: 10.25　　字　数: 182 千字
版　　次: 2021 年 11 月第 1 版　　　　　　　印　次: 2021 年 11 月第 1 次印刷
定　　价: 45.00 元

产品编号: 092094-01

目 录

第一章 企业虚拟运营的认识 ··· 1
1.1 虚拟企业运营的五个维度 ·· 1
1.2 虚拟企业的战略思考 ·· 3
1.3 虚拟团队 ··· 4
1.4 沙盘虚拟运营的常见类型 ·· 5

第二章 沙盘虚拟运营的规则 ·· 12
2.1 沙盘运营通用规则 ·· 12
2.2 总经理相关规则 ··· 20
2.3 采购总监相关规则 ·· 23
2.4 生产总监相关规则 ·· 25
2.5 销售总监相关规则 ·· 27
2.6 财务总监相关规则 ·· 30

第三章 沙盘虚拟运营的推演 ·· 33
3.1 沙盘初始状态 ··· 33
3.2 沙盘运营推演 ··· 34

第四章 沙盘虚拟运营的一般谋划 ··· 50
4.1 虚拟企业团队组建 ·· 50
4.2 市场需求分析 ··· 52
4.3 竞争对手分析 ··· 56
4.4 建线方案 ··· 59
4.5 资金测算 ··· 63
4.6 利润测算 ··· 68
4.7 生产采购时间表 ··· 70

I

4.8 整体时间表 ·· 74

第五章 沙盘虚拟运营的战略谋划 ·························· 77

5.1 扩张型战略谋划 ·· 78
5.2 利润型战略谋划 ·· 78
5.3 产能灵活型战略谋划 ···································· 79

第六章 沙盘虚拟运营实训项目 ································ 81

6.1 小组组建 ·· 81
6.2 规则解读 ·· 83
6.3 市场需求分析 ·· 86
6.4 初始运营 ·· 88
6.5 反思运营(第一年) ·· 93
6.6 反思运营(第二年) ·· 99
6.7 综合运营(第一年) ·· 104
6.8 综合运营(第二年) ·· 111
6.9 综合运营(第三年) ·· 118
6.10 综合运营(第四年) ······································· 125

附录 2018年上海赛比赛规则与数据 ······················· 134

X.1 比赛规则 ·· 134
X.2 市场价格和数量预测图 ································ 141
X.3 订单详情表 ·· 143

第一章

企业虚拟运营的认识

企业虚拟运营作为经济管理类实训课程,已经在高校开展多年。广大师生在实践教学中摸索出多种理论和实训相结合的教学模式,对企业虚拟运营的有效开展形成以下基本认识。

- 企业虚拟运营不是大富翁游戏,简单重复的熟练操作只是虚拟运营的基础;
- 运营虚拟企业跟现实企业一样要有战略和计划安排,基于战略和计划安排的实操训练才能够有效提高学生的虚拟运营能力;
- 企业虚拟运营是以团队分工和合作为基础的实训项目,有效的团队沟通和持续的课上、课下团队训练是取得优异实训成绩的基础。

1.1 虚拟企业运营的五个维度

1. 虚拟环境

虚拟环境是指虚拟企业所处的空间、时间、行业及宏观环境。

虚拟的空间是指企业虚拟运营的不同区域市场,一般包括本地市场、区域市场、国内市场、亚洲市场和国际市场等。各市场的区别主要在于产品价格和需求数量走势不同,市场拓展的时间和成本不同。

虚拟的时间是指企业虚拟经营的周期长度,可以是1年、2年、4年、6年等,企业在设定的时间内可以获得市场需求订单,进行经营管理,在设定时间的期末进行经营结果评价。

虚拟的行业是指虚拟企业的行业属性,一般是虚拟生产制造型企业,产品分为低、中、高等不同级别。为了便于理解,往往将行业进行抽象处理,产品也简化为P1、P2、P3、P4、P5等代号形式。

虚拟的宏观环境是指对虚拟经营可能产生影响的政治和经济等行业外因素。不同虚拟软件对宏观环境的处理不同,但归根到底是要影响产品需求价格和需求数量,因此可以直接在市场需求中体现。

2. 虚拟规则

虚拟规则有不同的分类角度。

按规则的适用范围分为系统规则和具体的设定规则。系统规则是指虚拟运营中稳定不变的操作流程和系统参数；具体设定规则是在每个具体的规则中进行单独设置，能体现不同的市场需求情况、企业运行状态和竞争态势。

按规则的设定对象分为通用规则和岗位技术规则。通用规则是指对所有岗位操作均有影响的设定规则，包括虚拟经营年数、每年运行时间、年度中不同时间段的运行操作规则、订单分配、商业情报获取、经营报表操作、比赛结果评分等。岗位技术规则是针对虚拟企业不同的职位设定不同的操作规范，例如总经理技术规则、财务总监技术规则、生产总监技术规则、采购总监技术规则、销售总监技术规则等。

3. 企业运行

企业运行是指虚拟企业在虚拟环境中按照虚拟规则要求开展经营活动。其中涉及在年度中的各岗位的基本业务操作、市场需求解读、企业战略和企业计划的制定、年度经营总结等，即实现在虚拟环境中虚拟企业的有目标、有计划、有管理的运营。这是企业虚拟运营与大富翁类游戏的重要区别。

4. 竞争

竞争在虚拟运营中发挥着重要的作用，也是虚拟环境较难实现目标的环节。竞争一般有以下几种体现方式：

市场订单竞争，通过广告等方式取得更高的市场知名度，在订单获取中获得更多有利订单，以此获得更好的发展机会。

市场临时交易竞争，包括经营中临时出现的市场订单机会、竞争对手之间的交易机会等，考验竞争对手之间的把握机会能力和应变能力。

运营稳定性竞争，考验谁能在运营中比对手做得更好，操作失误率更最小，市场占有率更大。

5. 评价

虚拟运营评价是在虚拟运营的期间和期末，对企业运营的操作过程和经营结果进行打分。具体包括：财务指标评价、操作指标评价和总评价。

财务指标评价一般选取经营指标中的净利润和总权益。经过持续几年的运营，获得累计最高净利润或权益最多的企业胜出，比较简单直观。

操作指标评价包括针对企业经营过程中的违规、失信等行为进行罚分，对企业持续守信行为进行加分。

总评价是将财务评价指标和操作评价指标进行综合,更为全面地评价学生团队的运营表现。

1.2 虚拟企业的战略思考

进行虚拟企业运营,最为重要的是制定好的经营战略。虚拟企业战略和一般的企业战略有很大的区别,具体表现为以下几点。

- 环境不同:虚拟环境是高度简化的,影响因素远远少于现实环境,因此决定了虚拟企业战略必然比现实企业战略要更加简洁、更加聚焦。
- 战略的目标周期不同:虚拟环境运行时间往往是固定的,一般为1年、2年、4年、6年等,决定了虚拟企业战略的目标周期也是1年、2年、4年、6年等。现实企业战略目标周期往往更长,分为长期、中期和短期目标。
- 战略的决策维度不同:现实企业战略的决策维度包含社会目标、经济目标等众多维度。虚拟企业战略受制于环境的简化和抽象,战略决策往往聚焦于市场占有率、公司权益、利润等维度。

虚拟企业制定经营战略需要考虑以下几个方面。

1. 运营时间

不同的虚拟规则下,会设定不同的企业运营时间,比如1年、2年、4年、6年等。不同的运营时间,并不是仅仅意味着简单的推盘时间不同,其中涉及不同维度的战略思考。

比如,设定1年期限的虚拟运营,企业不需要进行未来的产能布局,只需要寻找1年内实现产能最优安排、成本最优投入、市场最优竞争位序等,从而实现期末利润最大化。

如果运营时间设定为2年,企业不能完全以第1年利润最大化为目标,需要为两年整体最优产能、最优成本投入、最优市场竞争位序等进行全面策划。

如果运营时间设定为4年或更长,企业还需要考虑外部市场拓展安排、战略广告等影响企业长期市场形象的投入,高端产品的研发生产,竞争对手之间竞争博弈等。

2. 价值增加

虚拟企业运营有一个核心点就是,你要知道企业的价值增加究竟是如何产生的。一般的虚拟运营都是生产制造型企业,价值增加的来源比较单一,是通过生产、销售产品,获取产品毛利润,扣除各项费用后取得净利润。也就是生产并销售产品,是虚拟企业价值增加的主要方式甚至是唯一方式。

对于商业型虚拟运营，会以买卖价差作为价值增加方式。

对于股票估值型运营，营利性和成长性的有效结合成为企业价值的体现。

具体的虚拟软件往往会采取单一价值增加或多种价值增加方式的组合。

3．快速成长

对于虚拟企业来说，实现快速成长是经营决策的重要目标之一。虚拟企业的成长主要表现为生产线的扩建和产能的扩大，这主要受到规则的限制。

虚拟企业往往有产能极限，例如最多建设 10 条或 16 条生产线。生产线建设满之前，快速建线能够有利于战略目标的实现；生产线建设满之后，成本控制和灵活适应市场对战略目标的价值更大。

4．经营风险

虚拟企业的经营风险主要来自经营现金缺口和市场竞争失利。

经营现金缺口，是指企业在快速扩张中需要大量的现金支持，往往会造成现金断流，即在某一时刻的现金不足以支付当期运营的成本费用，通过借款、贴现等正常财务手段无法满足资金需要，造成企业正常生产运营停滞，甚至无法运营，被迫终止比赛。

市场竞争失利，是指企业在同其他竞争对手争夺市场中，无法通过企业知名度获得足够的市场订单，丧失争夺经营排名前列的资格。在经营后期，大量对手都拥有充足的产能，谁能够掌握市场竞争主导权，谁就能够压制对手发展，获得更大的利润空间。

1.3 虚 拟 团 队

虚拟团队不同于现实企业团队，是在教学中形成的团队学习的有效形式。为了有效实现团队目标，顺利完成实训团队任务，需要从以下几方面加以注意。

1．团队分工

虚拟企业组建的首要任务，是进行团队内部分工。

常用的有效分工方法有：岗位自荐法、内部推选法、综合轮岗法、组长任命法。

在实践中常常出现的错误分工方法有：抓阄法。

进行团队分工中，要注意以下三点：

- 要对项目任务要求有明确的认识，对各岗位有充分的了解；
- 需要对团队成员有初步的岗位能力评估，可以用问卷调查法，或是在团队内部展开无领导小组讨论实现；

- 内部岗位分工不可固化不变,在团队任务的不同阶段要进行适当的调整,培养大家的岗位适应能力。

2. 团队有效沟通

团队有效沟通是指在推进团队任务时,让每一个团队成员都能参与其中,彼此充分互动协作,共同推进团队任务完成,而不是由组长全权负责任务,其他人应付完自身部分任务了事。

具体的团队有效沟通包括沟通内容、沟通方法、沟通时间、沟通地点、沟通成果等。

- 沟通内容——团队任务的内容进行有效的分解,每次团队沟通针对其中的一项子任务展开;
- 沟通方法——包括教室现场圆桌会议、远程网络会议等;
- 沟通时间——要有计划性和规律性,例如:一周1~2次,时间固定在晚上6点至8点;
- 沟通地点——建议以校园网络良好的教室为主;
- 沟通成果——要注重阶段性成果的积累,每次团队活动都要记录相应的成果物,便于总结和分析。

3. 团队时间分配

从团队任务布置到任务结束期间,需要有较为明确的团队时间分配,包括团队资料学习、小组任务讨论、实训训练等,如表1-1所示。根据具体任务时间分匹配比例有所不同,一般是实训训练占用时间较长,占团队总时间的2/3以上。

表 1-1　团队时间分配

任务阶段	任务节点	团队时间分配	成果物
初期	资料学习	团队资料学习	
中期	实训	实训训练	实训测试
后期	小组任务	小组任务讨论	小组汇报

1.4　沙盘虚拟运营的常见类型

1. 手工沙盘

手工沙盘,是基于一般沙盘原理,在企业虚拟运营领域的应用,具有不一样的真实触感。较有代表性的是畅捷通手工沙盘,如图1-1所示。

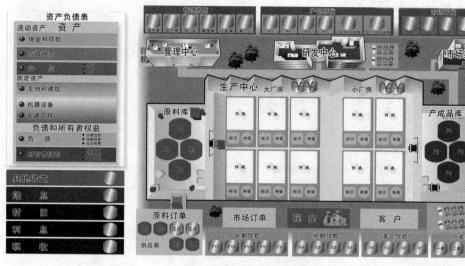

图1-1 手工沙盘图纸样例

注:参考畅捷通手工沙盘

手工沙盘一般由沙盘图纸、资金筹码、材料插块、资质标识卡片、操作规则和市场竞单组成。其中沙盘图纸包括以下几部分。

- 资产项目:厂房、生产线、原材料库、产成品库、现金、应收账款等;
- 负债项目:长期贷款、短期贷款、高利贷;
- 资质项目:产品研发、ISO认证、市场开发;
- 费用项目:管理费、维修费、转产费、租金、广告费、折旧、利息、贴息、税收、其他收支等;
- 产业链项目:原材料采购、客户订单。

手工沙盘的优点:

- 真实的触感,给学生带来更强烈的感官触动;
- 流程操作条理清晰,物流、资金流、信息流有序推进;
- 可单人操作。

手工沙盘的缺点:

- 教具不易保管,使用损耗较大;
- 操作流程线性化,缺乏灵活性;
- 竞单由老师控制完成,限制了学生课下自由训练;
- 不适合多人团队配合操作。

2. 电子沙盘

电子沙盘也称为手工沙盘的电子化,是把手工沙盘的图纸盘面、操作流程做成电子程序,构建局域网或网页版模式,学生运用电脑端登录进行沙盘推演。较有代表性的是畅捷通企业管理信息化实训沙盘,如图 1-2 所示。

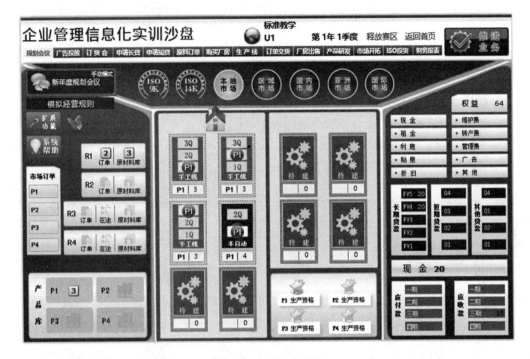

图 1-2　电子沙盘样例

注：参考畅捷通电子沙盘

电子沙盘的优点：

- 可同时 10～20 组进行实训训练,摆脱了手工教具的数量限制；
- 可全程自动推进沙盘进程,便于学生课后进行实训练习；
- 通过局域网络或互联网开展实训,为远程教学提供了可能。

电子沙盘的缺点：

- 各团队之间的竞争不足,限制了学生的虚拟运营感受；
- 操作流程线性化,缺乏灵活性；
- 不适合多人团队配合操作。

3. 数据报表沙盘

数据报表沙盘是指沙盘以运营报表的形式展现,分为决策单、生产运营表单、原材料采购仓储表单、人力招聘表单、代理商表单、市场销售表单、售后服务表单、财务表单、商业信息表单、股票价格表单等,以运筹学的理论方法营造接近真实的虚拟竞争环境。较有代表性的是国际企业管理挑战赛(简称 GMC),如图 1-3 所示。

A	组别 □ 公司号 □ 识别号 □ 年度 □ 季度 □			
B	生产及交付产品数	产品一	产品二	产品三
	中国国内代理商	□□□	□□□	□□□
	北美自由贸易区经销商	□□□	□□□	□□□
	国际互联网经销商	□□□	□□□	□□□
C	产品价格（RMB'0）			
	中国国内	□□□	□□□	□□□
	北美自由贸易区	□□□	□□□	□□□
	国际互联网	□□□	□□□	□□□
D	广告支出（RMB'0000） 公司形象 …………产品1-产品3 广告支出…………			
	中国国内	0000	0000 0000 0000	
	北美自由贸易区	0000	0000 0000 0000	
	国际互联网	0000	0000 0000 0000	
E	产品组装时间（分钟）	□□	□□	□□
F	是否实施产品改进以及/或销售库存产品（是=1；否=0）	□	□	□
G	产品研发费用（RMB'0000）	0000	0000	0000
H	原材料的采购（'000） 现货下季度 三个月后 六个月后			
		□□	□□	□□
J	代理商和经销商 下季度需求总数 支持费用（RMB'0000） 佣金（%）			
	中国国内	□□	0000	□□.□
	北美自由贸易区经销商	□□	0000	□□.□
	国际互联网经销商	□□	0000	□□.□
K	生产 欲购机器 □□ 下季度网站接口数 □□			
L	欲售机器 □□ 网站建设费用（RMB'0000） □□0000			
M	每台机器维修小时数 □□			
N	组装工人每小时工资（RMB'0） □□.□ 轮班次数（1-3） □			
P	组装工人 的雇佣(+)和解雇(-) □□□ 培训组装工人人数 □□			
Q	投资 (+/- RMB'0000) □□□0000 中期贷款（RMB'0000） □□□0000			
R	管理预算（RMB'0000） □□0000 股息（%） □□			
S	信息 公司活动信息（要=1；不要=0） □ 市场占有率信息（要=1；不要=0） □			
T	保险方案代码(0-4) □			

图1-3 数据报表沙盘决策单样例

注：参考国际企业管理挑战赛

数据报表沙盘的优点：

- 报表数据接近真实的企业报表，同时包含各维度的信息数据，能够营造出更为接近真实的市场竞争环境；
- 市场订单需求和影响变量之间的关系较其他沙盘更为复杂，需要运用运筹学的方法进行测算，有助于学生建模深度思考。

数据报表沙盘的缺点：

- 对学生运筹学方法运用和电子表格建模的要求较高，不适于一般本科学生参与；
- 单纯的数据表格推演，操作比较枯燥，缺乏可视化的界面互动；
- 团队成员内部没有明确的分工，缺乏团队配合感。

4. 虚拟仿真沙盘

随着虚拟仿真技术的日趋完善，拥有立体仿真场景、灵活可变流程的虚拟仿真沙盘应运而生。较有代表性的是贝腾的"创业总动员"，如图1-4所示。

图 1-4　虚拟仿真沙盘网页样例

注：参考贝腾的"创业总动员"

虚拟仿真沙盘的优点：

- 虚拟场景真实，有很强的代入感，有助于激发学生的学习热情；
- 操作流程灵活，有助于学生一边学习思考，一边操作推盘。

虚拟仿真沙盘的缺点：

- 灵活的操作流程需要通过学习才能掌握,加大了学生的操作难度;
- 立体虚拟场景对网络数据传送和电脑的配置要求较高,往往更适于每个团队单人在线操作推演。

5. 团队协作创业沙盘

团队协作创业沙盘是电子沙盘的升级版,将团队角色分为总经理、采购总监、生产总监、销售总监、财务总监,凸显团队分工协作,对操作流行进行了团队协作改造,引入时间日历管理,强化了不同队伍之间竞争互动,具有很好的远程网络教学能力。较有代表性的是新道的"约创"云平台,如图1-5所示。

图1-5　团队协作创业沙盘网页样例

注:参考"约创"云平台。

团队协作创业沙盘的优点:
- 明确的团队分工、互动式的团队协作操作,提供了更为有效的团队协作训练;
- 网页版的操作界面、以时间日历管理为核心的团队分工协作流程,为远程协作推演提供了便利。

团队协作创业沙盘的缺点:
- 不同角色操盘工作量存在一定的差异,为"蹭车"的同学提供了空间。

几种沙盘虚拟运营常见类型的比较分析,如表1-2所示。

表 1-2 沙盘虚拟运营常见类型比较

类型	软件或平台	团队协作运营	虚拟环境情境化	竞争互动
手工沙盘	畅捷通	单人即可,线性流程	手工组件真实触感	教师端竞标,竞争简单;轮流选单,互动弱
手工沙盘电子化	畅捷通	单人即可,线性流程	二维静态沙盘图,情境感不强	竞争简单;轮流选单,互动一般
数据报表沙盘	GMC	单人多人都可,场外讨论,流程弱	纯数据报表,缺乏情境感	后台分配订单;互动弱
虚拟仿真沙盘	贝腾"创业总动员"	单人即可,限时自选择操作流程	仿真情境代入感好	后台分配订单;互动弱
团队协作运营式沙盘	约创	4～5人操作互动,限时时间轴管理流程	画面感情境	多点互动竞争;博弈性较好

第二章

沙盘虚拟运营的规则

本书以"约创"云平台作为企业虚拟运营的实训平台,本章讲授"约创"云平台的操作规则。"约创"云平台由新道科技股份有限公司开发,以企业沙盘为核心,构建了面向本科、职业类院校的互联网创新创业实践教育生态平台。让学生以游戏般的方式体验创业企业的建立,体验企业经营管理流程,体验企业在竞争的环境下生存、发展的过程以及为此过程而必须做出的关键决策。"约创"云平台作为"全国大学生创业企业经营模拟沙盘大赛"比赛平台和众多高校教学实训平台,为广大高校师生所熟知。软件中以2018年上海市大学生企业经营模拟沙盘大赛(简称2018上海赛)为例,提供了比赛规则。

2.1 沙盘运营通用规则

1. 经营诚信度

【经营诚信度】(简称OID)是反映企业在原料采购、运营管理、订单交付、贷款偿付等业务上满足经营信用程度的指标,作为企业经营结果评价的重要依据。

- 企业OID分为企业OID和分市场OID,企业OID是分市场OID的平均值。
- 良好的业务行为,将增加OID值,常用取值如表2-1所示;不符合规则的业务行为,将减少OID值,常用取值如表2-2、表2-3所示。
- OID增值每年年末自动计算一次,OID减值实时进行计算扣减。

  某市场的OID值=市场当前OID值+市场OID增值-市场OID减值

表2-1 OID增值计算项

类别	OID影响因素	影响范围	OID增值
OID增值	交货无违约	单一市场	0.2
	市场占有率	单一市场	完成订单市场占比
	贷款无违约	全部市场	0.2
	付款收货无违约	全部市场	0.2

注:OID增值一般为常量,本表数值为常用取值。

表 2-2 OID 减值计算项

类别	OID 影响因素		影响范围	OID 减值	
OID 减值	订单违约交单	容忍期内完成	单一市场	OID 减值 1	0.3
		强制执行		OID 减值 2	0.1
	还贷及利息违约	容忍期内完成	全部市场	OID 减值 1	0.1
		强制执行		OID 减值 2	0.2
	原料付款收货违约	容忍期内完成	全部市场	OID 减值 1	0.1
		强制执行		OID 减值 2	0.1
	年初现金为负	现金为负	全部市场	OID 减值 1	0.2
	支付费用违约	容忍期内完成	全部市场	OID 减值 1	0.1
		强制执行		OID 减值 2	0.1

注：OID 减值一般为常量，本表数值为常用取值。

表 2-3 OID 增减相关的经营操作

序号	动作	岗位	本地OID	区域OID	国内OID	亚洲OID	国际OID	容忍期（天）	违约金比例	OID增减值
1	交货无违约	系统	+	+	+	+	+	无	无	0.2
2	市场份额	系统	+	+	+	+	+	无	无	完成订单市场占比
3	贷款无违约	系统			+			无	无	0.2
4	付款收货无违约	系统			+			无	无	0.2
5	订单违约交单	销售	—	—	—	—	—	30	0.2	−0.3
6	取消订单强制扣除违约金	销售	—	—	—	—	—	30	0.2	−0.4
7	原料订单延迟收货违约	采购			—			20	0.1	−0.1
8	取消原料订单强制扣违约金	采购			—			20	0.1	−0.2
9	贷款延迟还款违约	财务			—			25	0.1	−0.1
10	强制扣除应还贷款及违约金	财务			—			25	0.1	−0.3
11	贷款利息延迟支付违约	财务			—			30	0.1	−0.1
12	强制扣除应还贷利息及违约金	财务			—			30	0.1	−0.3
13	延迟支付厂房租金违约	经理			—			30	0.1	−0.1
14	强制扣除厂房租金及违约金	经理			—			30	0.1	−0.2

注：OID 增减值一般为常量，本表数值为常用取值。

2. 广告和企业知名度

(1) 广告

广告分为【促销】广告和【战略】广告两类,均分市场投放,用于提升企业在该市场的【企业知名度】排名。具体规则如附录【比赛规则6】所示。

- 【促销】广告分市场投放,只能在【年初】订单申请前进行投放,直接用于影响本年度【企业知名度】排名,本年【年中】运行开始后,【促销】广告不再影响【企业知名度】排名。
- 【战略】广告在【年中】可随时投放,但是只在每季度末进行计算,下季度显示上季度最终知名度排名。即:年初显示当前排名;第一季度显示年初排名;第二季度显示第一季度排名。【战略】广告对【企业知名度】有延续3年的影响。

(2) 企业知名度

【企业知名度】是公众对企业名称、商标、产品等方面认知和了解的程度。【企业知名度】分市场计算,各公司在一个市场中的【企业知名度】排名,决定该市场订单分配的先后顺序。

【企业知名度】的影响因素包括【促销】广告、【战略】广告、市场 OID 值和【战略】广告各年有效权重。

某市场企业知名度的量化计算值＝该市场当前 OID 值×(该市场当年【战略】广告×第1年有效权重＋去年【战略】广告×第2年有效权重＋前年【战略】广告×第3年有效权重)＋该市场当前的【促销】广告。

3. 容忍期和强制取消/执行

虚拟运行中企业与外界的业务活动必须在规定时间内完成(如:产品销售订单必须在交货日期前【交货】,原料订货必须在到货日期【收货】入库等),否则将降低企业的 OID。

(1) 容忍期

凡是在规定日期没有完成的业务操作,允许延迟一段时间继续执行,这个延迟的时段称为【容忍期】,在【容忍期】内除了按照业务要求进行操作外,必须:

- 在支付业务费用的同时支付违约金;
- 扣减 OID 分数。

(2) 强制取消/执行

【容忍期】结束时仍不能完成业务操作时,该业务将被强制处理:

- 订单【取消】(包括销售订单被取消,采购订单被取消,将强制扣除违约金,并额外

再扣减 OID 分数,取消的订单将返回临时交易市场;
- 费用支付业务【强制执行】,如:应还的贷款或利息等连同违约金。费用将被强制从财务账户中扣除,如果财务账户资金不足,将扣减至负值。

特别说明:【容忍期】和【强制取消/执行】是两种不同的惩罚措施。【容忍期】内,原操作仍然可以进行,将被扣缴违约金,并扣减 OID 减值 1;如【强制】执行,则不允许进行原操作,扣除违约金,并扣除 OID 减值 1 及 OID 减值 2。

4. 经营年数及每年运行时间

实训经营年数:1~4 年。

每年分【年初】【年中】和【年末】三个阶段运行,具体如表 2-4 所示。

【年初】时段:20 分钟

【年中】时段:60 分钟

【年末】时段:10 分钟

表 2-4 每年阶段经营功能的时间分配

经营功能	运行启动	年初阶段	年中阶段	年末阶段
促销及计划	裁判手动	5 分钟	×	×
第 1 次申请订单	自动	10 分钟	×	×
第 2 次申请订单	自动	5 分钟	×	×
第一季度	裁判手动	×	15 分钟	×
第二季度	裁判手动	×	15 分钟	×
第三季度	裁判手动	×	15 分钟	×
第四季度	裁判手动	×	15 分钟	×
商业情报收集+报表审核上报	裁判手动	×	×	10 分钟

其中:×表示【经营功能】在本阶段禁止使用。

每阶段的时间表示【经营功能】允许操作的时间,超过这个时间,该功能关闭。

(1)【年初】时段

【年初】时段用于参加当年各市场的【促销】广告投放、销售订货会、市场资质的研发投资,以及制订本年经营计划等活动,具体如表 2-5 所示。

表 2-5　年初时段任务清单

任务清单	岗位	促销及计划 （5 分钟）	第一轮选单及分配 （10 分钟）	第二轮选单及分配 （5 分钟）
投放促销广告	总经理	√	×	×
市场资质(ISO)投资	总经理	√	√	√
申请销售订单	全岗	×	√	√
贴现	财务	√	√	√
预算费用申报	全岗	√	√	√

(2)【年中】时段

【年中】运行的虚拟时间共为1年（每年12个月），分为4个季度（每季度3个月），每季度为1个阶段，每月为30天。每个季度运行时间为现实时间15分钟。

(3)【年末】时段

【年末】时段所有经营操作均被停止，必须在规定的时间内完成：

- 商业情报收集；
- 经营报表填制和上报。

5. 销售订货会

订货会在【年初】举行，共分为两轮选单，第一轮选单时间10分钟，第二轮选单时间5分钟，每轮选单结束会根据【企业知名度】排名和企业申请的订单数量进行订单分配。

- 在规定时间内，各队同时进行订单数量申报，所有岗位都可以进行任何市场的订单申报，申请产品的数量可在订单表的【申报详情】栏中查询，时间截止前可进行申报修改。
- 在选单结束进行订单分配时，根据各队的【企业知名度】排序，确定各队实际申报到的订单数量。公司申请某订单的数量小于该订单剩余产品数量时，按照申请的数量全额分配；公司申请某订单的数量大于该订单剩余产品数量时，按照该订单剩余数量分配。
- 如果两家以上企业知名度排名相同且申请了同一张订单，本着平等分配的原则，进行平均分配。

- 第一次未分配完的产品订单在第二次申请阶段显示,已经分配完的订单不再出现在可选订单中。

6. 商业情报收集

比赛过程中,其他参赛队的经营状况有两个途径可以获取。

- 订单分配详情:每年【年初】订单分配后,可以从订货会窗口中的【订单分配详情】,获得整个市场的订单获取情况;
- 年度公司详情:每年【年末】时段,总经理可以获取其他公司年度详情情报。现金为负的队伍无法获取情报。

7. 经营报表

【年末】阶段填写经营报表包括费用表、利润表、资产负债表,具体如表2-6、表2-7、表2-8所示。

(1) 费用表

表2-6 费用统计表

序号	项 目	填报岗位	【来源表】的表项说明
1	管理费	财务	【财务统计表】管理费
2	广告费	总经理	【总经理统计表】广告费
3	设备维修费	财务	【财务统计表】设备维修费
4	转产及技改	财务	【财务统计表】转产及技改
5	租金	总经理	【总经理统计表】租金
6	市场准入投资	总经理	【总经理统计表】市场准入投资
7	产品研发	总经理	【总经理统计表】产品研发
8	ISO资格投资	总经理	【总经理统计表】ISO资格投资
9	信息费	总经理	【总经理统计表】信息费
10	培训费	本次比赛不填写	
11	基本工资	本次比赛不填写	
12	费用合计	=本表1项~11项之和	

（2）利润表

表 2-7 利 润 表

序号	项目	数据来源	【来源表】的表项说明
1	销售收入	产品销售"收入"合计项	【销售统计表】（订单收入-违约罚款）
2	直接成本	产品生产"成本"合计项	【销售统计表】销售成本
3	毛利	＝本表1项－2项	
4	综合费用	费用表"费用合计"项	
5	折旧前利润	＝本表3项－4项	
6	折旧	财务统计表	【财务统计表】本年折旧
7	支付利息前利润	＝本表5项－6项	
8	财务费用	财务统计表	【财务统计表】财务费用
9	营业外收支	财务、采购统计表	－【财务统计表】其他支出合计＋【采购统计表】（零售收入－零售成本）－【采购统计表】失效和违约价值
10	税前利润	＝本表7项－8项＋9项	
11	所得税	财务统计表	【财务统计表】所得税
12	净利润	＝本表10项－11项	

（3）资产负债表

表 2-8 资产负债表

序号	表项	年初数（上年期末数）	期末数	【来源表】的表项说明
1	现金		财务统计	【财务统计表】现金余额
2	应收款		财务统计	【财务统计表】应收款
3	在制品		生产统计	【生产统计表】在制品价值
4	产成品		销售统计	【销售统计表】库存价值
5	原材料		采购统计	【采购统计表】库存原料价值

续表

序号	表项	年初数（上年期末数）	期末数	【来源表】的表项说明
6	流动资产合计		=本栏1项~5项之和	
7	土地和建筑		总经理统计	【总经理统计表】厂房价值
8	机器与设备		生产统计	【生产统计表】（生产线总投资－生产线累计折旧）
9	在建工程		生产统计	【生产统计表】生产线在建已投资
10	固定资产合计		=本栏7项+8项+9项	
11	资产总计		=本栏6项+10项	
12	长期负债		财务统计	【财务统计表】长期贷款余额
13	短期负债		财务统计	【财务统计表】短期贷款余额
14	应付款		财务统计	【财务统计表】应付款
15	应交税金		=本年利润表11项	
16	负债合计		=本栏12项+13项+14项+15项	
17	股东资本		财务统计	【财务统计表】股东资本
18	利润留存	*	=本表年初18项+年初19项	
19	本年利润	*	=本年利润表12项	
20	权益合计		=本栏17项+18项+19项	
21	负债+所有者权益总计		=本栏16项+20项	

① 表2-8中"年初数"栏数据取自上年的"资产负债表"。

② 表2-8中"期末数"栏的数据取自本年的"利润表"以及相关岗位的本年的统计表，数据采集的说明详见"利润表"和相关岗位任务中报表部分的说明。

③ 特别注意的是表2-8中标注*的数据，在制作本表时，"年初数"是上年末的【资产负债表】的"期末数"栏的数据，所以制作本表时，需要从上年的【资产负债表】中提取数据。

8. 比赛结果评分

比赛结果评分根据所处课程的学习阶段和参赛的人员范围，有几种具体方法：
- 以末年的系统【分数】排名顺序确定评分，多在训练赛、热身赛中采用。

末年的系统【分数】＝末年企业 OID 值×当年权益。
- 以末年的系统【分数】排名顺序＋报表填写准确性评分，多在课程、正式比赛中采用。
- 以末年的企业权益排名顺序＋报表填写准确性＋企业 OID 值评分，多在课程中采用。

2.2 总经理相关规则

总经理任务清单如表 2-9 所示。

表 2-9 总经理任务清单

序号	运 行 期	任　　务
1	年初	市场开发投资
2	年初	ISO 认证开发投入申请
3	年初	投放促销广告
4	年初	参加订货会，获取订单
5	年初、年中	预算经费申报
6	年中	控制推进日期
7	年中	战略广告投放
8	年中	购买/租用厂房
9	年中	厂房处理
10	年中	产品研发投资
11	年末	商业情报收集
12	年中、年末	填报总经理报表，报表上报

1. 市场资质研发

市场资质研发分为 5 个市场研发投资和 2 个 ISO 研发投资，其中企业的产品市场分为本地市场、区域市场、国内市场、亚洲市场和国际市场。具体规则如附录【比赛规则 3】所示。

- 每年【年初】阶段进行市场资质研发投资，下年年初阶段完成此次研发；
- 每年每个市场/ISO 认证只能进行一次投资，最后一次投资后，下一年资质才能生效。

2. 产品生产资质研发

产品研发在【年中】时段进行，一共有 5 种产品可以研发生产，分别是 P1、P2、P3、P4、P5。具体规则如附录【比赛规则 4】所示。

- 每种产品研发分为几个研发周期，以每期投资额投入的日期开始计时，经过一期时间后，完成一期研发；
- 每期研发完成后，即上期研发到期日的第二天，才能开始下期投资研发；
- 最后一次投资研发到期后，即研发到期日的第二天，系统自动授予产品生产资质；
- 只有获得产品资质后才允许生产线开工生产。

3. 厂房使用

企业一共有 4 个厂房，在【年中】时段总经理可以通过购买或租用方式获得厂房使用权。具体规则如附录【比赛规则 5】所示。

- 厂房购买：总经理可以进行厂房购买操作，现金购买，购买的厂房在运营期间不折旧。
- 厂房租用：总经理可以进行厂房租用操作。厂房租用以一年为期，每年需支付租金。租金到期前 30 天可进行续租支付，且到期日（含当天）前必须支付下一年租金，否则违约。例如 1 年 1 月 1 日租用的厂房，到期日为 2 年 1 月 1 日。
- 厂房退租：总经理可以进行厂房退租操作，厂房中全部生产线出售之后才能进行退租操作。
- 厂房租转买：已租用的厂房，可以随时进行租转买操作，租金不予退还。
- 厂房买转租：已购买的厂房，可以随时进行买转租操作，需先支付一年租金，成功后再出售厂房。出售厂房后获得一定账期的应收款回款。

4. 控制推进日期

【年中】时段各队由总经理进行日期推进操作，允许跳选日期操作，但只能向前跳选，禁止回退。

- 在一个季度中，各队可自主在一个月内选择经营日期进行操作，可自行结束每月操作，进入下月的日期操作（如1月1日，结束进入2月1日操作），但不能自主跳至下一季度；
- 设定的季度运行时间结束后，系统将自动结束本季度；
- 跳过的日期中如有没有完成的操作，系统会自动根据选定的日期判断跳过的操作是否违约，比如：从3月1日，跳到3月10日，中间的3月5日有原料到货的操作未执行，则跳到3月10日时，系统自动判定3月5日应到货的采购订单为【收货违约】。

5. 总经理报表

总经理应在每年的经营中，填报【总经理统计报表】。填报时，按照各项的"【金额】项填报说明"，汇总当年发生的金额数据填报。具体如表 2-10 所示。

- 【总经理统计报表】中的填报项目，会与企业经营报表中【目标表】的项目相对应；
- 统计报表可以在【年中】和【年末】的任何时间进行填报，每次填报后单击【暂存】保存数据，或单击【提交】更新统计报表。

表 2-10 总经理统计表

项　　目	【金额】项填报说明	【目标表】的表项说明
广告费	当年战略和促销广告投放总额	【费用表】广告费（第 2 项）
租金	当年支付的厂房租金	【费用表】租金（第 5 项）
市场准入投资	当年市场资质投资总额	【费用表】市场准入投资（第 6 项）
产品研发	当年产品研发资质投资总额	【费用表】产品研发（第 7 项）
ISO 资格投资	当年 ISO 资质投资总额	【费用表】ISO 资格投资（第 8 项）
信息费	当年购买商业情报的总费用	【费用表】信息费（第 9 项）
厂房价值	当前已购买的厂房总价值	【资产负债表】土地建筑（第 7 项）

2.3 采购总监相关规则

采购总监任务清单如表 2-11 所示。

表 2-11 采购总监任务清单

序号	运行期	任务
1	年初	参加订货会，获取订单
2	年初、年中	预算经费申报
3	年中	原料市场预订原料
4	年中	原料仓库收货和付款
5	年中	现货交易市场出售原料
6	年中	现货交易市场购买原料
7	年中、年末	填制采购统计表

1. 原料采购

采购总监用预订方式，在【系统原料市场】购买原材料。具体规则如附录【比赛规则 7】所示。

- 预订原材料不需要预付费用，按照交货期在【收货日期】当天进行收货和付款操作。若当天未完成收货操作，第二日起【收货违约】。
- 原料订单取消：被取消的原料，当天补充返回【现货交易市场】，且该材料该年的出售单价改为【系统原料市场】原料价格的两倍，可继续被订货。
- 为控制原料采购风险，当订购原材料价值超过企业支付能力时，无法订购原材料，公式为：

当【现金总量】+【当前应收】+【当前贷款剩余额度】+【在产品价值＋产成品】×3＜本次订购原料价值＋未收货原料价值时，无法进行原料订货。

2. 现货交易

采购总监可以用现金根据【现货市场】价格,在现货交易市场紧急采购需要的原材料,也可以在现货交易市场出售多余的原材料。具体规则如附录【比赛规则8】所示。

- 原料出售与失效:原料的【质保期】从到货日开始计算。在【失效日期】(含当天)内,原料可以上线生产;原料失效天数在【提前处理期】以上的,可以进行销售;原材料【失效日期】过后的第一天,系统强制清除失效原料。系统自动按照先进先出的原则和处理提前期的原则,提取公司原材料库存。
- 现货市场的原材料库存数量为系统设定,有公司购买成功,则减少相应数量,有公司销售成功,则增加相应数量。

3. 采购总监报表

采购总监应在每年的经营中,填报【采购统计报表】,如表2-12所示。

- 【采购统计报表】中的填报项目,会与企业经营报表中【目标表】的项目相对应;
- 统计报表可以在【年中】和【年末】的任何时间进行填报,每次填报后单击【暂存】保存数据,或单击【提交】更新统计报表。

表2-12 采购统计表

项 目	项目填报说明	【目标表】的表项说明
库存原料数量(件数)	当前的库存数量	
库存原料价值(万元)	当前库存价值的总金额	【资产负债表】原材料(第5项)
零售收入(万元)	当年在现货市场卖出原料的总收入	【零售收入】-【零售成本】合计后,并入【利润表】营业外收支(第9项)
零售成本(万元)	当年在现货市场卖出时出库的总成本	
失效和违约价值(万元)	当年被强制清除的过期原料价值+收货违约金	以负数并入【利润表】营业外收支(第9项)

2.4 生产总监相关规则

生产总监任务清单如表2-13所示。

表2-13 生产总监任务清单

序号	运行期	任务
1	年初	参加订货会
2	年初、年中	预算经费申报
3	年中	新建生产线
4	年中	转产/技改生产线
5	年中	出售生产线
6	年中	全线推进（厂房内的所有生产线的状态推进）
7	年中	全线开产（厂房内的所有生产线上线开产）
8	年中、年末	填制生产报表

1. 生产线

企业有手工线、自动线、柔性线3种生产线，生产总监负责生产线的安装、技改、生产、转产。具体规则如附录【比赛规则9】和【比赛规则10】所示。

- 生产线安装：每种生产线的安装周期、安装时间和安装投资金额有所不同。

  生产线建成总价＝安装期数×每期安装投资金额

  生产线建成时间＝安装期数×每期安装天数

- 生产线生产：生产线生产需拥有该产品生产资质，有充足的原材料，生产总监账户中资金足够支付工人工资。

  产品生产时间＝生产期数×每期生产天数

- 操作工：每种生产线需要相应的操作工人完成，系统会根据现有工人情况进行自动配置。

- 生产线技改：安装完成的生产线，通过技术改造可以减少每期生产天数。

一次技改后的生产周期＝原生产周期×(1－技改效率)，取整方式为四舍五入。例如原生产时间为90天，技改提升效率0.25，技改一次后的生产时间为90×(1－0.25)＝67.5，进行四舍五入，结果为68天。

- 生产线转产：如生产线变换生产品种时，需进行生产线转产。只能在停产状态时进行转产，具体转产费用和时间见具体生产线规则。
- 生产线折旧：生产线建成后360天内不计提折旧，361天计提第一次折旧，之后每年提取一次折旧，直到生产线净值＝生产线残值。

  提取的折旧额＝(生产线总投资－生产线残值)÷折旧年限。

  生产线净值＝生产线总投资－生产线累计折旧额
- 生产线维修费：建成的生产线按年缴纳维修费，以建成当天开始计算，每年的这一天就是支付维修费的截止日。
- 生产线出售：当出售生产线时，只能按照生产线残值出售。

2．产品物料清单

产品物料清单是一个产品构成的所用原料或产品的件数，或称产品的生产配方。组织生产时，需要按照此配方准备原材料。具体规则如附录【比赛规则11】所示。

3．生产预配

生产线采用自动预配方式进行生产，遵循以下预配原则：

- 生产线按编号顺序依次进行预配；
- 材料按先进先出；
- 工人按满足生产要求的情况下优先低级工人。

4．生产总监报表

生产总监应在每年的经营中，填报【在制品统计报表】和【生产设备统计报表】，如表2-14所示。

- 【在制品统计报表】和【生产设备统计报表】中的填报项目，会与企业经营报表中【目标表】的项目相对应；
- 统计报表可以在【年中】和【年末】的任何时间进行填报，每次填报后单击【暂存】保存数据，或单击【提交】更新统计报表。

表 2-14 生产统计表

项　　目	项目填报说明	【目标表】的表项说明
在制品数量	当前所有生产线正在生产的产品数量	
在制品价值	当前所有生产线上的在制品总价值（包括：原料成本和计件工资）	【在制品价值】合计后,并入【资产负债表】在制品(第3项)
生产线总投资	当前生产线原值总和	【生产线总投资】－【生产线累计折旧】合计后,并入【资产负债表】机器与设备(第8项)
生产线累计折旧	当前生产线的累计折旧合计	
生产线在建已投资	当前在建的生产线已经投入的资金总和	【生产线在建已投资】合计后,并入【资产负债表】在建工程(第9项)

2.5　销售总监相关规则

销售总监任务清单如表 2-15 所示。

表 2-15　销售总监任务清单

序号	运　行　期	任　　务
1	年初	参加订货会,获取订单
2	年初、年中	预算经费申报
3	年中	产品交货
4	年中	现货交易市场出售产品
5	年中	现货交易市场购买产品
6	年中	临时交易市场获取订单
7	年中、年末	填制库存和产品统计表

1. 订单交货

销售总监从产品仓库提取产品，按订单先后次序交货。具体规则如附录【比赛规则 12】所示。

- 企业当年分配的所有订单，必须在订单规定的交货日期前（包括当日），按照订单规定的数量交货，订单不能拆分交货。若交货日期当天未完成交货操作，第二日起【订单交货违约】。
- 容忍期截止日期跨年的订单，可以保留到下年。下年完成交货后，计入下年的销售收入；下年取消的订单，不进入下年的【临时交易】市场，扣除的违约金计入下年的报表。
- 【交货】完成的日期是应收账期的起点日期。

2. 临时交易订单

【年中】时段发生已被分配的订单【取消】时，重新设定【价格】和【交货期】后在【临时交易】市场中进行交易。

- 临时交易信息发布：当某公司的订单进入【容忍期】时，将向所有公司的【销售总监】发布【临时交易】市场订单预告，预告信息包括：市场名、产品名、产品数量、预计上架日期等。
- 临时交易订单入市时间：当【容忍期】的订单被取消时，取消当日按市场进入【临时交易】市场。如该订单为第二次被取消，则不进入【临时交易】市场。如果预告的临时订单在【容忍期】完成交货，则不再进入【临时交易】市场。
- 临时交易订单取消：如果【临时交易】订单直到交货日到期后的第一天，仍然还有剩余的产品数量没有被申请，该订单将被取消；【临时交易】未分配的订单不跨年，即：本年结束后，撤销【临时交易】市场中所有未分配的订单。
- 临时交易接单条件：需有相应市场资质；公司本年在该市场中没有违约交货的记录（包括：【违约完成】和【取消】的记录）；企业日历时间在临时订单发生日期之后方可查看。

3. 现货交易

销售总监可以用现金根据【现货市场】价格，在现货交易市场紧急采购需要的产品，也可以在现货交易市场出售多余的产品。具体规则如附录【比赛规则 8】所示。

- 现货交易过程无须相应产品资质；
- 现货市场的产品库存数量为系统设定，有公司购买成功，则减少相应数量，有公司销售成功，则增加相应数量。

4．销售总监报表

销售总监应在每年的经营中，填报【产品统计报表】，如表 2-16 所示。

- 【产品统计报表】中的填报项目，会与企业经营报表中【目标表】的项目相对应。
- 统计报表可以在【年中】和【年末】的任何时间进行填报，每次填报后点击【暂存】保存数据，或点击【提交】更新统计报表。
- 销售收入＝销售总额（即【订单收入】）－违约金，按销售操作不同，产品销售收入计算汇总如表 2-17 所示。
- 销售成本包括生产产品所需的原材料成本和人工费用。正常情况下原材料是通过【系统原料市场】远期订购，原料成本为实际采购价值；当原材料是通过【现货市场】订购，原料成本会相应提高。

表 2-16　销售统计表

资金项目	项目填报说明	【目标表】的表项说明
产品数量	订货会订单交货数量＋现货市场销售数量＋临时交易市场交货数量	
订单收入	订货会订单销售总额＋现货市场销售总额＋临时交易市场销售总额	【订单收入】－【违约罚款】合计后，并入【利润表】销售收入（第 1 项）
违约罚款	【订单交货违约】总额×违约金比例	
销售成本	订货会订单销售总成本＋现货市场销售总成本＋临时交易市场销售总成本	【销售成本】合计后，并入【利润表】直接成本（第 2 项）
产品库存数	当前的产品库存数量	
库存价值	当前库存产品的总价值	【库存价值】合计后，并入【资产负债表】产成品（第 4 项）

表 2-17　销售收入计算规则

销售操作	销售总额（数量×单价）	违约金（销售总额×违约比例）	销售收入计算
订单按期交货	订单总额	0	订单总额－0
订单违约交货	订单总额	订单总额×违约比例	订单总额×(1－违约比例)
订单违约取消	0	订单总额×违约比例	0－违约金
现货零售	产品出售总价	0	产品出售总价－0

2.6 财务总监相关规则

财务总监任务清单如表 2-18 所示。

表 2-18 财务总监任务清单

序号	运行期	任务
1	年初	参加订货会
2	全年	岗位现金申请审核并拨款
3	全年	资金调配（反向拨款）
4	年中	贷款申请
5	年中	每月支付费用（包括到期贷款和利息）
6	年中	提取应收款
7	年中	应收款贴现
8	年中、年末	填制财务统计报表
9	年末	审核年度报表并上报
10	全年	查询经营详情

1. 贷款

企业贷款包括长期贷款和短期贷款，由财务总监在【年中】时段操作。具体规则如附录【比赛规则13】所示。

- 贷款额度：贷款额度＝上年权益×额度计算倍数，为长期和短期贷额度之和。
- 长期借款：是指企业向银行借入的期限在一年以上（不含一年）的各项借款。企业可在年中任何日期申请长期贷款，每年支付一次年息，到期还本付年息。
- 短期借款：是指企业向银行借入的期限在 1 年以内（含 1 年）的各项借款。企业可在年中任何日期申请短期贷款，到期一次还本付息。
- 贷款/利息的还款：系统每月 1 日提供本月到期贷款和利息的账单，正常还款和还利息可以在贷款到期或者利息到期日之前（包括到期日当天）操作，否则将【还贷及利息违约】。如果当月应还贷款进入容忍期（即违约未还），则不能进行贷款操作（不论是否还有额度）。

2. 应收款和应收款贴现

应收款是企业应收但未收到的款项，产品订单交货就会生成一定账期的应收款。应收款可以通过贴现方式立即获得现金，具体规则如附录【比赛规则14】所示。

- 应收账期：是从确认应收款之日到约定收款日的期间。
- 应收款贴现：是指企业在应收账期内，贴付一定利息提前取得资金的行为。不同应收账期的贴现利息不同。

注：贴现期30天的贴现率，是指含30天以内的贴现率均为0.05；60天的贴现率为大于30天且小于等于60天的贴现率。

3. 应交费用

【年中】时段每月1日，系统自动计算出企业本月应交的费用项，具体规则如附录【比赛规则15】和【比赛规则16】所示。

- 费用支付方式：所得税、折旧由系统自动执行支付，其他费用需要财务总监手动选择进行全额支付；
- 费用项有指定的到期支付日期，需在到期日之前（包括到期日当日）支付，否则为【支付费用违约】；
- 本年12月份，将对本年的所有费用进行强制清缴，即：12月30日即对所有未交费用按照强制扣除处理，并按照OID减数1，OID减数2扣减所有市场的OID。

4. 财务总监报表

财务总监应在每年的经营中，填报【财务总监统计报表】，如表2-19所示。

- 【财务总监统计报表】中的填报项目，会与企业经营报表中【目标表】的项目相对应。
- 统计报表可以在【年中】和【年末】的任何时间进行填报，每次填报后单击【暂存】保存数据，或单击【提交】更新统计报表。
- 所得税：此项需要根据本年的应税金额计算是否需要交税而定。当年应税金额＞0，则需要交税。应税金额＝当年税前利润－以前年度亏损。

表 2-19 财务总监统计报表

资 金 项 目	项目填报说明	【目标表】的表项说明
管理费	【管理费】全年支付的总和	【费用表】管理费(第 1 项)
设备维修费	【设备维修费】全年支付的总和	【费用表】设备维修费(第 3 项)
转产及技改	【转产及技改】全年支付的总和	【费用表】转产及技改(第 4 项)
基本工资	金额为 0	【费用表】基本工资(第 11 项)
培训费	金额为 0	【费用表】培训费(第 10 项)
财务费用	本年的【贷款利息】,【利息违约金】,还贷【本金违约金】和【贴现息】四项之和	【利润表】财务费用(+)(第 8 项)
本年折旧	本年提取的生产线折旧合计	【利润表】折旧(+)(第 6 项)
其他支出合计	支付费用违约金(包括维修费、管理费、税款、租金)+出售生产线的资产损失(当生产线净值>生产线残值)	【利润表】营业外收支(-)(第 9 项)
现金余额		【资产负债表】现金(第 1 项)
应收款		【资产负债表】应收款(第 2 项)
应付款		【资产负债表】应付款(第 14 项)
长期贷款余额		【资产负债表】长期负债(第 12 项)
短期贷款余额		【资产负债表】短期负债(第 13 项)
股东资本	初始固定值	【资产负债表】股东资本(第 17 项)
所得税	当年应税金额×所得税率	【利润表】所得税(第 11 项)

第三章

沙盘虚拟运营的推演

了解虚拟运营的基本规则之后,可以开始在实训中进行沙盘虚拟运营推演。本章主要讲授实训中沙盘推演的基本操作及注意事项。

3.1 沙盘初始状态

首先认识清楚企业的初始经营状态,包括:股东资本及资产清单、可利用资源、市场及产品资质等。

1. 股东资本及资产清单

虚拟运营之初会给企业一笔现金,作为启动资金,即企业的注册资本,这是虚拟团队展开运营的基础。

如附录【比赛规则 1】和【比赛规则 2】所示,股东资本为 600 万元,企业只有 600 万元现金资产,再没有其他资产,是一个刚刚注册的全新企业。

2. 可利用资源

虚拟企业运营需要通过贷款,获得外部的资金支持,从而实现企业快速成长。

如附录【比赛规则 13】所示,企业可以选择长期贷款和短期贷款,长期贷款期限为 1~5 年,短期贷款期限为 1~4 个季度,最大贷款额度为企业往年权益的 2 倍。

企业初始可利用资金为,600 万元股东资本加上 1200 万元贷款额度,总计 1800 万元。

3. 市场及产品资质

虚拟企业除了有形资产外,还有一定的无形资产,包括市场资质、ISO 资质、产品资质等。

如附录【比赛规则 1】所示,企业已经拥有本地市场、区域市场资质,可以作为企业市场拓展的基础。企业未获得任何产品资质,经营初期不能立刻进行产品生产,需要在经营中不断研发。

3.2 沙盘运营推演

虚拟企业运营推演是由总经理、采购总监、生产总监、销售总监、财务总监 5 个角色密切配合完成的。

1. 投放促销广告

【年初】时段操作。

主要由总经理完成,同时需要财务总监配合拨款。操作的目的是在目标市场获得需要的【企业知名度】排名,如表 3-1 所示。

具体操作:①总经理提出预算申报;②财务总监审批并同意拨款;③总经理在不同市场分别投放促销广告;④查看目标市场企业知名度排名。

表 3-1 投放促销广告操作

推演任务	角　色	操　作
投放促销广告	总经理	预算费用申报 ⇌ 审批拨款 ↓ 投放促销广告 ↓ 目标市场企业知名度排名
	财务总监	

2. 市场资质(ISO)投资

【年初】时段操作。

主要由总经理完成,同时需要财务总监配合拨款。每年【年初】阶段投资一次,连续多年投资才能获得相应资质,如表 3-2 所示。

具体操作:①总经理提出市场投资预算申报;②财务总监审批并同意拨款;③总经理对目标市场进行一期投资,查看目标市场投资进程;④下一年总经理申请下一期市场投资资金,并进行投资;⑤直到最后一期市场投资之后,下一年获得该市场资质。

- 遗忘市场资质(ISO)投资,会造成后期失去在某些市场竞争的机会。

表 3-2 市场资质(ISO)投资操作

推演任务	角色	操作
市场资质(ISO)投资	总经理	预算费用申报 ⇄ 审批拨款 ↓ 市场资质(ISO)投资 一期 ⇣ 市场资质(ISO)投资 N期 ↓ 获得市场资质 (ISO)
	财务总监	

3. 订单申报

【年初】时段操作。

所有岗位都可以操作,建议由总经理和销售总监负责操作,避免多人之间的申报误操作,如表 3-3 所示。

具体操作:①在申报前查看市场可申报订单;②总经理(销售总监)进行订单申报;③总经理(销售总监)进行申报订单查询;④如申报订单有误进行及时调整重新申报;⑤申报时间结束后,通过【已分配订单查询】确定所有企业获取订单的情况。

- 申报前查看市场可申报订单的数量、交货期、价格、资质情况;
- 结合企业需要申报具体的订单,建议每单数量不多于自身计划生产线数量。

表 3-3 订单申报操作

推演任务	角色	操作
订单申报	所有岗位	市场可申报订单查询 ↓ 订单申报 ↓ 申报订单查询 ↓ 已分配订单查询

4. 厂房使用

【年中】时段操作。

总经理岗位操作厂房购买和租用,以满足企业生产的要求。具体操作包括厂房购买、厂房租用、厂房租转买、厂房买转租、厂房出售和退租,如表 3-4、表 3-5、表 3-6、表 3-7、表 3-8 所示。

厂房购买操作:①总经理提出预算申报;②财务总监审批并同意拨款;③总经理进行厂房购买。

- 购买的厂房属于企业资产,不折旧;资金占用较多,不利于快速扩张。

表 3-4 厂房购买操作

推演任务	角 色	操 作
厂房购买	总经理	预算费用申报 ⇌ 审批拨款 ↓ 厂房购买
	财务总监	

厂房租用操作:①总经理提出预算申报;②财务总监审批并同意拨款;③总经理进行厂房租用;④总经理在下一年到期日前续租厂房;⑤如在下一年到期日未交付租金,则【厂房租金违约】。

- 厂房租金属于费用,减少企业利润;前期租用占用资金较少,有利于企业快速扩张。

表 3-5 厂房租用操作

推演任务	角 色	操 作
厂房租用	总经理	预算费用申报 ⇌ 审批拨款 ↓ 厂房租用 ↓ 每年交租金 —否→ 厂房租金违约 是↓ 厂房续租
	财务总监	

厂房租转买操作：①对于已租用的厂房，总经理提出购买厂房的预算申报；②财务总监审批并同意拨款；③总经理进行厂房租转买。

- 前期租用的厂房后期租转买，能够控制成本支出，提高利润。

表 3-6　厂房租转买操作

推演任务	角　色	操　　作
厂房租转买	总经理	厂房已租用 ↓ 预算费用申报 ⇄ 审批拨款 ↓ 厂房租转买
	财务总监	

厂房买转租：①对于已购买的厂房，总经理提出租用厂房预算申报；②财务总监审批并同意拨款；③总经理进行厂房买转租，同时获得一笔厂房出售应收账款；④之后每年进行厂房续租。

- 前期购买的厂房后期买转租，是为了解决企业现金周转需要，但需要先交付厂房租金才能获得一定期限的厂房出售应收账款。

表 3-7　厂房买转租操作

推演任务	角　色	操　　作
厂房买转租	总经理	厂房已购买 ↓ 预算费用申报 ⇄ 审批拨款 ↓ 厂房买转租 → 厂房出售应收账款 每年交租金 —否→ 厂房租金违约 是↓ 厂房续租
	财务总监	

厂房出售和退租：①生产总监对厂房中的生产线进行停产并出售；②总经理对厂房进行出售或退租，不再使用；③出售厂房将获得一笔厂房出售应收账款。

- 厂房出售和退租是为了筹集资金或是减少支出，厂房中全部生产线出售之后才能进行厂房出售和退租操作。

表 3-8　厂房出售（退租）操作

推演任务	角　色	操　作
厂房出售（退租）	总经理	生产线停产出售 ↓
	生产总监	厂房出售（退租）→ 厂房出售应收账款

5. 建线生产

【年中】时段操作。

生产总监岗位操作生产线的建线和生产，包括生产线安装、生产线技改、生产线生产、生产线转产、生产线出售，具体如表3-9、表3-10、表3-11、表3-12、表3-13所示。

生产线安装操作：①生产总监提出一期生产线安装资金预算申报；②财务总监审批并同意拨款；③生产总监进行生产线一期安装；④到生产线一期安装完成日，生产总监申请下一期生产线安装资金，并进行安装；⑤直到最后一期生产线安装完成，生产线建成。

表 3-9　生产线安装操作

推演任务	角　色	操　作
生产线安装	生产总监	预算费用申报 ⇌ 审批拨款 ↓ 生产线安装一期 ⋮ 生产线安装N期 ↓ 生产线建成
	财务总监	

生产线技改：①生产总监提出一期生产线技改资金预算申报；②财务总监审批并同意拨款；③生产总监进行生产线一期技改；④到生产线一期技改完成日,生产总监申请下一期生产线技改资金,并进行技改；⑤直到最后一期技改结束,生产线技改完成。

表3-10 生产线技改操作

推演任务	角 色	操 作
生产线技改	生产总监 财务总监	预算费用申报 ⇄ 审批拨款 ↓ 生产线技改 一期 ⋮ 生产线技改 N期 ↓ 生产线技改完成

生产线生产：①生产总监提出操作工人生产资金预算申报；②财务总监审批并同意拨款；③待生产用原材料到库,生产总监进行生产线全线开产；④每期生产完成日,生产总监进行生产线全线推进；⑤直到最后一期生产结束,产成品下线。

表3-11 生产线生产操作

推演任务	角 色	操 作
生产线生产	生产总监 采购总监 财务总监	操作工人工资 ⇄ 审批拨款 ↓ 生产线开产 ← 原材料到库 ↓ 生产线推进 ↓ 产成品下线

生产线转产：①当生产线处于待产状态时,生产总监根据转产需要提出转产资金预算申报；②财务总监审批并同意拨款；③生产总监进行生产线转产操作；④直到转产完

成日,转产结束。

- 根据比赛规则,只有自动线转产需要花费转产费用和转产时间。

表 3-12 生产线转产操作

推演任务	角 色	操 作
生产线转产	生产总监	生产线待产 ↓ 生产线待产 → ← 审批拨款(自动线) ↓ 生产线待产
	财务总监	

生产线出售:①当生产线处于待产状态时,生产总监进行生产线出售操作;②按照生产线残值出售,获得生产线出售现金。

表 3-13 生产线出售操作

推演任务	角 色	操 作
生产线出售	生产总监	生产线待产 ↓ 生产线出售 → 生产线残值
	财务总监	

6. 原材料采购

【年中】时段操作。

采购总监岗位操作原材料一般采购和原材料现货市场交易,具体如表 3-14、表 3-15、表 3-16 所示。

原材料一般采购操作:①采购总监提交原材料订单;②原材料收货日当天,采购总监提出原材料采购资金预算申报;③财务总监审批并同意拨款;④采购总监进行原材料收货付款,原材料入库完成,可进行查询;⑤如原材料收货日当天,采购总监未进行原材料收货付款,则【原材料收货违约】。

表 3-14　原材料一般采购操作

推演任务	角色	操 作
原材料一般采购	采购总监	原材料下订单 ↓ 原材料收货付款 —否→ 原材料收货违约 是↓ 原材料入库
	财务总监	

原材料现货市场采购操作：①采购总监提出原材料现货采购资金预算申报；②财务总监审批并同意拨款；③采购总监进行原材料现货收货付款；④原材料入库完成,可进行查询。

表 3-15　原材料现货市场采购操作

推演任务	角色	操 作
原材料现货市场采购	采购总监	预算费用申报 ←— 审批拨款 ↓ 原材料现货付款 ↓ 原材料入库
	财务总监	

原材料现货市场出售：①采购总监进行原材料现货出售,获得原材料出售价款；②原材料出库完成,可进行查询。

表 3-16　原材料现货市场出售操作

推演任务	角色	操 作
原材料现货市场出售	采购总监	原材料现货出售 —→ 原材料出售价款 ↓ 原材料出库
	财务总监	

7. 产品研发

【年中】时段操作。

总经理岗位操作产品研发投资。每年【年中】阶段连续投资多期才能获得相应产品资质,如表3-17所示。

产品研发操作:①总经理提出产品研发资金预算申报;②财务总监审批并同意拨款;③总经理进行产品研发一期投资;④到产品研发一期完成日,总经理申请下一期产品研发资金,并进行投资;⑤直到最后一期产品研发完成日,获得该产品资质。

表3-17 产品研发操作

推演任务	角色	操作
产品研发	总经理 财务总监	预算费用申报 ⇄ 审批拨款 ↓ 产品研发一期 ┆ 产品研发N期 ↓ 获得产品资质

8. 订单交付

【年中】时段操作。

销售总监岗位操作产品订单交付。订单交付日之前均可进行产品订单交付。当产品不足时,可以在现货市场紧急采购,如表3-18、表3-19所示。

订单一般交付操作:①当产品库存足够时,在订单交付日之前销售总监进行产品订单交付,同时获得一定账期的订单应收款;②如截至订单交付日未能进行产品订单交付,则【订单违约交单】。

订单现货市场采购交付操作:①当产品库存不足时,销售总监提出产品现货采购资金预算申报;②财务总监审批并同意拨款;③销售总监在现货市场进行采购付款,产品入库;④在订单交付日之前,销售总监进行产品订单交付,同时获得一定账期的订单应收款;⑤如截至订单交付日未能进行产品订单交付,则【订单违约交单】。

表 3-18　订单一般交付操作

推演任务	角色	操作
订单一般交付	销售总监	产品库存 → 到期日前订单交付 —否→ 订单违约交单；是↓ 订单应收款
	财务总监	

表 3-19　订单现货市场采购交付操作

推演任务	角色	操作
订单现货市场采购交付	销售总监	预算费用申报 ←→ 审批拨款 ↓ 产品现货付款 ↓ 产品入库 ↓ 到期日前订单交付 —否→ 订单违约交单；是↓ 订单应收款
	财务总监	

9. 贷款

【年中】时段操作。

财务总监岗位操作企业贷款,分为短期贷款和长期贷款,如表3-20、表3-21所示。

短期贷款操作:①当企业有现金需求时,财务总监可以在当年剩余贷款额度内,向系统银行提出短期贷款;②到第二年还款月初有还款提示,财务总监在还款日前操作还本付息;③如截至还款日未能进行还本付息,则【贷款及利息违约】。

- 申请短期贷款时,输入申请贷款的份数,按附录【比赛规则13】,每份贷款为10万元。如果申请贷款10份,就是100万元。
- 如果当月应还贷款进入容忍期(即违约未还),则不能进行贷款操作(不论是否还有额度)。

表 3-20　短期贷款操作

推演任务	角色	操作
短期贷款	财务总监	现金需求 → 贷款申请 ⇄ 是否有贷款额度 → 到期还本付息 —否→ 贷款及利息违约

长期贷款操作：①当企业有现金需求时，财务总监可以在当年剩余贷款额度内，向系统银行提出长期贷款；②到每年付息月初有付息提示，财务总监在付息日前操作付息；③如截至付息日未能进行支付利息，则【贷款利息违约】；④到贷款期限最后一年还本付息月初有还本付息提示，财务总监在还本付息日前操作还本付息；⑤如截至还本付息日未能进行还本付息，则【贷款及利息违约】。

- 申请长期贷款时，输入申请贷款的份数，按附录【比赛规则13】，每份贷款为20万元。如果申请贷款10份，就是200万元。
- 如果当月应还贷款进入容忍期（即违约未还），则不能进行贷款操作（不论是否还有额度）。

表 3-21　长期贷款操作

推演任务	角色	操作
长期贷款	财务总监	现金需求 → 贷款申请 ⇄ 是否有贷款额度 → 每年支付利息 —否→ 贷款利息违约 → 到期还本付息 —否→ 贷款及利息违约

10. 费用支付

【年中】时段操作。

财务总监岗位操作企业的各种费用支付,包括管理费、维修费、折旧费、所得税等。所得税、折旧由系统自动执行支付,其他费用需要财务总监手动选择进行全额支付,如表3-22、表3-23所示。

管理费操作:①每月1日提示支付管理费,财务总监应在当月支付管理费;②如本月未能进行管理费支付,则【支付费用违约】。

表3-22 管理费操作

推演任务	角 色	操 作
管理费	财务总监	每月1日提示支付管理费 ↓ 当月支付管理费 —否→ 支付费用违约

维修费操作:①生产线建成之后,每年生产线建成月1日提示支付维修费,财务总监应在建成日期前支付维修费;②如生产线建成日未能进行维修费支付,则【支付费用违约】。

表3-23 维修费操作

推演任务	角 色	操 作
维修费	财务总监	生产线建成时间 ↓ 每年建成月1日提示支付维修费 ↓ 建成日期前支付维修费 —否→ 支付费用违约

11. 应收款

【年初】【年中】时段操作。

财务总监岗位操作企业的应收账款,包括应收款正常回款和应收款贴现,如表3-24、表3-25所示。在企业有现金需求而自身现金不足时,可以通过应收账款贴现获得现金支持。如附录【比赛规则14】所示，应收账款到期时间越近贴现率越低，优先贴现期间较短的应收账款，减少贴现利息支出。

应收款正常回款操作：①订单交付后，财务总监往来账界面显示一笔应收账款；②约定收款日期之后，财务总监可以直接收款。

表3-24 应收款正常回款操作

推演任务	角 色	操 作
应收款正常回款	财务总监	确认应收款之日 ← 订单交付 ↓ 约定收款日期 ↓ 到期收款
	销售总监	

应收款贴现操作：①订单交付后，财务总监往来账界面显示一笔应收账款；②约定收款日期之前，财务总监可以进行应收款贴现收回部分款项，同时支付贴现利息。

表3-25 应收款贴现操作

推演任务	角 色	操 作
应收款贴现	财务总监	确认应收款之日 ← 订单交付 ↓ 约定收款日期之前贴现 ↓ 收款并支付贴现利息
	销售总监	

12．违约操作

【年中】时段操作。

各岗位都有业务违约操作，包括厂房租金违约（总经理）、订单违约交单（销售总监）、原料付款收货违约（采购总监）、还贷及利息违约（财务总监）、支付费用违约（财务总监）

等，如表 3-26、表 3-27、表 3-28、表 3-29、表 3-30 所示。

厂房租金违约操作：①在租金到期日未能交付租金；②容忍期内交付租金，需支付租金及违约金，并扣减 OID 减值 1；③容忍期内未交付租金，则强制扣除租金及违约金，并扣减 OID 减值 1 和 OID 减值 2。

表 3-26　厂房租金违约操作

推演任务	角色	操作
厂房租金违约	总经理	到期日未交租金 → 容忍期内交租金 —是→ {交租金；交违约金；OID减值1}　否→ 容忍期未交租金 → {强扣租金；强扣违约金；OID减值1；OID减值2}

订单违约交单操作：①在到期日订单未能交付；②容忍期内交付订单，将从应收账款中扣除违约金，并扣减 OID 减值 1；③容忍期内未交付订单，则取消订单，强制扣除违约金，并扣减 OID 减值 1 和 OID 减值 2。

表 3-27　订单违约交单操作

推演任务	角色	操作
订单违约交单	销售总监	到期日订单未交付 → 容忍期内交单 —是→ {应收款；交违约金；OID减值1}　否→ 容忍期未交单 → {强扣违约金；OID减值1；OID减值2} → 订单取消

还贷及利息违约操作：①在到期日未能还款；②容忍期内还款,则需还款及交违约金,并扣减 OID 减值 1；③容忍期未还款,则强制还款及扣除违约金,并扣减 OID 减值 1 和 OID 减值 2。

表 3-28 还贷及利息违约操作

推演任务	角色	操作
还贷及利息违约	财务总监	到期日未还款 → 容忍期内还款 —是→ 还款 / 交违约金 / OID减值1；否 → 容忍期未还款 → 强行还款 / 强扣违约金 / OID减值1 / OID减值2

原料付款收货违约操作：①在收货日未能付款收货；②容忍期内付款收货,需支付货款及违约金,并扣减 OID 减值 1；③容忍期未交付货款,则强行取消原料订单及扣除违约金,并扣减 OID 减值 1 和 OID 减值 2。

表 3-29 原料付款收货违约操作

推演任务	角色	操作
原料付款收货违约	采购总监	收货日未付款收货 → 容忍期内付款收货 —是→ 付款 / 交违约金 / OID减值1；否 → 容忍期未付款 → 强扣违约金 / OID减值1 / OID减值2 → 强行取消原料订单

支付费用违约操作：①在到期日未能支付费用；②容忍期内支付费用,需支付费用及违约金,并扣减 OID 减值 1；③容忍期内未支付费用,则强行扣除费用及违约金,并扣减 OID 减值 1 和 OID 减值 2。

表 3-30　支付费用违约操作

推演任务	角　色	操　　作
支付费用违约	财务总监	到期日未支付费用 → 容忍期内支付费用 —是→ 支付费用／交违约金／OID减值1；否 → 容忍期未支付费用 → 强扣费用／强扣违约金／OID减值1／OID减值2

第四章

沙盘虚拟运营的一般谋划

学习了沙盘虚拟运营的规则、推演,本章学习沙盘虚拟运营的一般谋划。虚拟企业谋划贯穿从团队组建、市场需求分析、竞争对手分析,到各种经营测算及时间表管理全流程。

4.1 虚拟企业团队组建

虚拟企业有总经理、采购总监、生产总监、销售总监、财务总监,共5个角色,学生以5人组建团队,每个人承担一个角色。

1. 虚拟企业名称

团队组建后,首先要为虚拟企业确定一个企业名称和企业标识,这是提高团队凝聚力的一种手段。

企业名称要能体现团队特色,便于记忆。

企业标识,要简单,易识别。

2. 团队角色分配

虚拟企业有5个角色,理想的团队角色分配是每轮训练一人一个角色,整个学习过程每名学生能够轮流担任5个角色。5个角色的操作是紧密联系在一起的,能够熟练掌握每一个角色是必要的。

从初学至结课,整个学习过程大致划分为三个阶段。

第一阶段是初期学习,了解运营规则和熟练基本操作,团队内每个人成员可以暂时固定选择一个角色。初期角色分配,可以采用能力评估、自我推荐、岗位竞选等方式。

第二阶段是中期学习,需要进行大量的课上和课下实训训练,完成团队实训任务。由于存在思维定式,大家往往不愿意轻易变换最初选择的角色。可以在实训任务中加入角色考核任务,每人必须对每个角色都完成一定的实训操作训练。

第三阶段是结课考试,完成团队虚拟运营比赛,每名成员选择最适合自己的岗位进行操作。经过实训练习,每人都对自己的能力有了一定的评估,结课比赛的角色分配是团队内部的分工优化。

3. 团队职责划分

规则部分讲了每个角色的操作任务,但在团队中的职责还包括团队组织职责、实训中的谋划分析职责、团队汇报职责等,如表 4-1 所示。

表 4-1 团队职责划分

角色	小组组长职责		角色职责					汇报职责	
	实训任务推进	课下训练组织	市场需求分析	竞争对手分析	经营测算	时间表管理	岗位操作	报告撰写	汇报
总经理							√		
采购总监							√		
生产总监	√	√	√	√	√	√	√	√	√
销售总监							√		
财务总监							√		

在职责划分上可遵循角色职责和团队组织职责相结合的方式,可以多个角色分担同一职责。

整个实训过程,总经理角色的职责分工相对较重,建议轮流承担。团队组织职责建议由组长担任,不随意调整。团队组长不一直是总经理角色,和其他成员一样轮流体验每个角色。

4. 团队沟通方式

根据实训环境不同,常用的团队沟通方式有面对面沟通、在线会议沟通。

面对面沟通方式:在正常的线下课堂、课下训练,都是采用面对面方式沟通。团队成员围坐在一起,每人一个电脑终端,每人操作一个角色。一般由总经理把控虚拟运营的现场分工、经营谋划、时间节奏管理等,其他成员密切配合。

面对面沟通方式的优点:高效、便捷、信息传递失误少,能够及时掌握队员的参与状态。

在线会议沟通:当无法实现面对面沟通时,在线会议沟通成为有效的选择。每位成员都在远端操作一个角色,同时再发起语音会议方便大家交流沟通,手工书写的测算和时间计划可以通过拍照的方式和其他成员分享。

在线会议沟通的优点:不受场地限制,训练时间地点更为灵活,尤其方便于学生课下训练。

4.2 市场需求分析

市场需求分析是经营策略和计划制定的基础,数据来自附录 2018 上海赛【市场价格和数量预测图】和【订单详情表】。面对既定的未来市场需求,企业之间进行竞争性博弈,以获得更大的市场利益。

市场需求分析分为四步:市场数据提取、市场数据分析、市场定位分析、订单详情分析。

1. 市场数据提取

根据【市场价格和数量预测图】提取市场基本的需求数据,制成表格,如表 4-2 所示。如附录所示,市场需求包含产品、市场、年份、平均订单价格、需求数量等信息。

根据市场需求数量柱状图和订单平均价格折线图,一共制成本地、区域、国内、亚洲、国际 5 个市场的需求表格。

表 4-2 市场需求数据

本地、区域、国内、亚洲、国际

年份	需求数量					订单平均价格				
	P1	P2	P3	P4	P5	P1	P2	P3	P4	P5
第 1 年										
第 2 年										
第 3 年										
第 4 年										

2. 市场数据分析

在现有市场数据的基础上,加入产品的生产成本,把订单价格转变成产品毛利润,进行深入分析。

产品毛利润＝订单价格－生产成本＝订单价格－原材料成本－人工成本

市场数据有三个分析维度和两个分析变量，会形成三种分析角度：

- 三个维度：市场、年份、产品
- 两个变量：产品毛利润、需求数量
- 三种角度：市场主导、产品主导、年份主导

市场主导：能够展示出每个市场在不同年份毛利润最高和需求量大的产品，有助于分析在某个市场收益最大化的演化方案，适合单一市场策略，如表4-3所示。

表4-3　市场主导需求分析

本地、区域、国内、亚洲、国际										
	需求数量					产品毛利润（订单价格－直接成本）				
年份	P1	P2	P3	P4	P5	P1	P2	P3	P4	P5
第1年										
第2年										
第3年										
第4年										

产品主导：能够展示出每个产品在不同年份毛利润最高和需求量大的市场，有助于分析某个产品收益最大化的演化方案，适合单一产品策略，如表4-4所示。

表4-4　产品主导需求分析

P1、P2、P3、P4、P5										
	需求数量					产品毛利润（订单价格－直接成本）				
年份	本地	区域	国内	亚洲	国际	本地	区域	国内	亚洲	国际
第1年										
第2年										
第3年										
第4年										

年份主导：能够展示出在某一年份毛利润最高和需求量大的产品和市场分布，有助于分析在同一年份不同产品收益最大化的演化方案，适合多产品组合策略，如表 4-5 所示。

表 4-5　年份主导需求分析

第 1 年、第 2 年、第 3 年、第 4 年

年份	需求数量					产品毛利润（订单价格－直接成本）				
	P1	P2	P3	P4	P5	P1	P2	P3	P4	P5
本地										
区域										
国内										
亚洲										
国际										

3. 市场定位分析

基于不同维度的市场分析，明确企业的市场定位，这一定位是与企业战略密切相关联的。市场定位包含最优定位、次优定位，如表 4-6 所示。

表 4-6　市场定位分析

	预期产能	占据市场	预期订单	毛利润
第 1 年		本地		
		区域		
		国内		
		亚洲		
		国际		
第 2 年		本地		
		区域		
		国内		
		亚洲		
		国际		

续表

	预期产能	占据市场	预期订单	毛利润
第3年		本地		
		区域		
		国内		
		亚洲		
		国际		
第4年		本地		
		区域		
		国内		
		亚洲		
		国际		

最优定位：某一年份企业占据某些市场，能获得满足一定产能的产品订单，取得最高的毛利润，该市场就是企业当年最优市场定位。最优市场定位往往受到众多竞争对手的关注，会形成竞争激烈的红海市场。

次优定位：某一年份企业占据某一市场，能获得满足一定产能的产品订单，取得低于最优定位的毛利润，该市场就是企业当年次优市场定位。次优市场定位往往会有不止一种选择，需要企业在竞争中进行博弈选择。

关注竞争对手动态并进行及时应变，敢于大胆创造性的发掘市场机会，都可能在竞争中发挥积极作用。

4．订单详情分析

【订单详情表】包含订单编号、市场标识、年度、产品标识、应交货日期、应收期、ISO标识，没有订单价格和订单数量，具体见附录。【订单详情表】作为【市场价格和数量预测图】的补充，需要配合进行市场需求分析，如表4-7所示。

重点需要关注产品的应交货日期、批次数量，分析出市场中能交付的有效订单、关键订单，对企业市场定位进行调整。同时用于指导企业资质开发节奏和生产资金占用情况。

表 4-7 订单详情分析

年份-市场-产品	有效订单	关键订单	ISO 资质
含义	某年目标市场和目标产品组合	不同生产线类型可以交付的有效订单	数量比较少,且没有可替代的订单	是否需要ISO资质
例子	1年-本地-P3	柔性线 9.9 10.14 11.22 12.25 自动线 7.9 8.5 9.9 10.14 11.22 12.25	12.25	否
	2年-本地-P4	4.13 12.28	12.28	否

4.3 竞争对手分析

企业虚拟运营中与其他企业之间的竞争,主要是围绕争抢市场产品订单。由此,竞争对手分析主要是明确哪个企业是主要竞争对手,包括企业知名度排名分析和年初订单分析。

1. 企业知名度排名分析

企业知名度由促销广告、战略广告、OID 值多因素共同影响,各公司在一个市场中的企业知名度排名,决定该市场订单分配的先后顺序。企业进行知名度排名分析如表 4-8 所示,需要关注以下几点:

- 当前年度有哪些市场已经开放,即企业能够进入的所有可能市场。
- 某一市场前一年知名度排名第 1 的企业,当年该企业极大可能还会抢占该市场,且具有一定的先发优势。
- 某一市场当年知名度排名第 1 的企业,在当年该市场订单分配中能够优先分配,具有绝对的优势。
- 本企业知名度投入和当年知名度排名。一方面确定本企业在哪些市场更有选单机会;另一方面评估其他企业的广告投入成本。

表 4-8 企业知名度排名分析

市场		前一年知名度排名	当年知名度排名	企业当年知名度			
				知名度排名	知名度取值	促销广告	战略广告
第1年	本地						
	区域						
	国内						
	亚洲						
	国际						
第2年	本地						
	区域						
	国内						
	亚洲						
	国际						
第3年	本地						
	区域						
	国内						
	亚洲						
	国际						
第4年	本地						
	区域						
	国内						
	亚洲						
	国际						

2. 已分配订单分析

年初两轮订单分配之后,企业需要对竞争对手的已分配订单进行分析。如表 4-9、表 4-10、表 4-11 所示,需要关注以下几点:

- 整理出订单数量较多企业,每种产品的订单分配数量和总价款,及可能的生产方案。
- 分析订单市场和产品,与本企业比较相近的对手,进行应对分析。
- 分析竞争对手是否存在异常订单,包括订单总数明显偏多,单笔订单数量偏大,订单时间集中等,确定哪些企业存在订单违约风险。

表 4-9　多订单对手分析

	企业 1	企业 2
订单市场、产品、数量、时间		
可能的生产方案		

表 4-10　订单相近对手分析

	企业 1	企业 2
订单市场、产品、数量、时间		
可能的生产方案		

表 4-11　异常订单分析

	企业 1	企业 2
订单市场、产品、数量、时间		
异常订单		

4.4　建线方案

在运营的不同阶段，根据可用运营资金情况，进行建线方案优化和产能测算。

1. 初期建线方案

虚拟运营初期，企业只有初始注册资本和银行贷款额度作为可用运营资金，建线方案需要考虑建线生产资金需求和其他资金需求，如图 4-1 所示。建线生产资金需求包括：厂房投入、建线投入、技改投入、直接生产投入；其他资金需求为生产线开产前其他资金需求，包括：促销广告、市场投资、ISO 投资、产品研发、管理费等。

图 4-1　初期建线流程图

根据规则，我们有手工线、自动线和柔性线 3 种生产线，P1、P2、P3、P4、P5 共 5 种产品，厂房可以购买和租用，在其他成本既定的情况下，产能可选方案就有几十种。

初期建线方案需要考虑初始的运营资金，是否足以支撑新建生产线 1 期顺利开产，是否足以支撑第 1 批订单交付前的资金需求。

对于不同的初期建线方案,我们可以从资金需求和当年产能两个维度进行优化选择。以附录规则为例,测算以下多种可行的建线方案,从中进行优化选择,如表4-12所示。

表4-12 初期建线方案

可用运营资金(万元)	1800
其他资金需求(万元)	促销广告90+资质40+产品研发30+管理费40,估算为200

方　案	建线生产资金需求(万元)	当年产能(个)
租A厂房+4自动线+生产P3	50+170×4+42×4=898	4×4=16
买A厂房+4自动线+生产P3	250+170×4+42×4=1098	4×4=16
租A、B厂房+5自动线+生产P3	100+170×5+42×5=1160	4×5=20
租A买B厂房+5自动线+生产P3	300+170×5+42×5=1360	4×5=20
租AB厂房+6自动线+生产P3	100+170×6+42×6=1372	4×6=24
租A厂房买B厂房+6自动线+P3	300+170×6+42×6=1572	4×6=24
租A、B厂房+7自动线+生产P3	100+170×7+42×7=1584	4×7=28
租A、B厂房+8自动线+生产P1	100+170×8+20×8=1620	4×8=32
租A厂房+4柔性线+生产P3	50+220×4+43×4×1.5=1188	4×3=12
买A厂房+4柔性线+生产P3	250+220×4+43×4×1.5=1388	4×3=12
租A、B厂房+5柔性线+生产P3	100+220×5+43×5×1.5=1522.5	5×3=15

续表

方　　案	建线生产资金需求（万元）	当年产能（个）
租 A、B 厂房＋6 柔性线＋生产 P1	100＋220×6＋21×6×1.5＝1546	6×3＝18
租 A 厂房＋2 自动线 2 柔性线＋生产 P3	50＋170×2＋220×2＋43×4＝1002	2×4＋2×3＝14
买 A 厂房＋2 自动线 2 柔性线＋生产 P3	250＋170×2＋220×2＋43×4＝1202	2×4＋2×3＝14
租 A、B 厂房＋3 自动线 2 柔性线＋生产 P3	100＋170×3＋220×2＋43×5＝1265	3×4＋2×3＝18
租 A、B 厂房＋2 自动线 3 柔性线＋生产 P3	100＋170×2＋220×3＋43×5＝1315	2×4＋3×3＝17
租 A 买 B 厂房＋3 自动线 2 柔性线＋生产 P3	300＋170×3＋220×2＋43×5＝1465	3×4＋2×3＝18
租 A 买 B 厂房＋2 自动线 3 柔性线＋生产 P3	300＋170×2＋220×3＋43×5＝1515	2×4＋3×3＝17
租 A、B 厂房＋3 自动线 3 柔性线＋生产 P3	100＋170×3＋220×3＋43×6＝1528	3×4＋3×3＝21

其中，柔性线方案，由于原料采购分为 30 天和 60 天，生产 P3 产品，会有下一期的原材料在前一期开产前采购，每期开产前大约会有生产成本 1.5 倍的原材料在采购中。

从建线方案中可以看到，第一年自动方案较柔性方案占有一定的产能优势。考虑到订单竞争压力需要预留更多广告经费，自动线最优方案为：租 AB 厂房＋6 自动线＋生产 P3。

考虑到订单的灵活性，以及第二年转产高级产品，混合生产线最优方案为：租 AB 厂房＋3 自动线 3 柔性线＋生产 P3。

考虑到订单的灵活性，以及储备毛利润较高的 P4、P5 产品库存，柔性生产线最优方案为：租 A 厂房＋4 柔性线＋生产 P3。

2. 中期建线方案

中期建线是在已有生产线的基础上，追加建设新的生产线，建线方案需要考虑的因素有：可用运营资金、厂房投入、建线投入、技改投入、现有生产线直接生产投入、新建生产线直接生产投入、促销广告、市场投资、ISO 投资、产品研发、管理费、维修费投入、财务费用等，如图 4-2 所示。

图 4-2　中期建线流程图

中期建线往往是在生产运营了一段时间，积累了一定运营资金时，同时建设多条生产线。中期建线方案需要考虑在开始新建生产线时点的运营资金，是否足以支撑新建生产线的资金需求、现有生产线的资金需求，及其他资金需求。

对于不同的中期建线方案，我们从资金需求和一年产能两个维度进行优化选择。

以附录规则为例，假定可用运营资金为 1000 万～1200 万元，从新建生产线建线到 1 期开产期间现有生产线交单毛利润足以弥补其他资金需求，测算以下多种可行的建线方案，从中进行优化选择，如表 4-13 所示。

表 4-13　中期建线方案

可用运营资金	1000 万～1200 万元	
假定：现有生产线交单毛利润＝其他资金需求		
方　案	资金需求（万元）	一年产能（个）
租 B 厂房＋4 自动线＋生产 P3	50＋170×4＋42×4＝898	4×4＝16
租 A 厂房＋4 柔性线＋生产 P3	50＋220×4＋43×4×1.5＝1188	3×3＝9

当可用运营资金为 1000 万元时，最优中期建线方案为：租厂房＋4 条自动线＋生产 P3；

当可用运营资金为 1200 万元时，最优中期建线方案为：租厂房＋4 条柔性线＋生产 P3。

当现有生产线交单毛利润大于其他资金需求时，中期建线方案的资金会更为充裕，具体要根据实际市场需求情况和订单价格来测算。

4.5 资金测算

资金测算是财务测算的一部分,企业运营期间是否能保证原材料正常采购收货付款,保证生产线顺利开产,保证还款和广告投放资金充足,体现了财务管理能力。

根据现有规则,在企业运营中支付风险往往出现在原材料采购订货、生产线开产、贷款还款、年末战略广告投放之时。对于原材料订货、生产线开产、贷款还款、年末战略广告投放可能的支付风险需要在年初进行测算,并留出适当的富余资金,作为安全保障。

1. 原材料采购订货资金测算

在采购经理进行原材料采购订货时,存在原材料采购订货资金风险,如图 4-3 所示。原材料以预订方式订货,根据采购规则,在订货时需要满足,【现金总量】+【当前应收】+【当前贷款剩余额度】+【在产品价值+产成品】×3＞本次订购原料价值+未收货原料价值。

当【现金总量】+【当前应收】+【当前贷款剩余额度】+【在产品价值+产成品】×3＜本次订购原料价值+未收货原料价值时,无法进行原料订货。

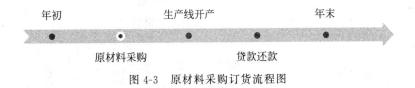

图 4-3 原材料采购订货流程图

我们制定原材料采购资金可行方案,一般是在当年的年初进行分析,需要考虑年初的资金池(现金+应收款+贷款剩余额度)、采购前其他资金需求、采购前交单收入、采购下单时在产品和产成品价值、未收货原料价值、本次订购原料价值。因为原材料订购采取零库存管理,因此分析中没有加入原材料库存。需要特别注意,原材料采购订货是以企业支付潜力作为背书的,贷款剩余额度可能为负值,会造成极大的采购风险。

测算时间点一般是第 1 年生产线第 1 次开产前的原料下单时间、生产线转产前原料下单时间、之后年份新建生产线第 1 次开产前的原料下单时间。在这些时间点会出现原材料采购信用需求波动,企业可能出现支付风险敞口。具体测算方案,如表 4-14 所示。

表 4-14 原材料采购资金可行方案

【原材料采购】资金可行方案			
测算时点：生产线第 1 次开产前、转产前、新建生产线第 1 次开产前			
【当前现金总量】+【当前应收】+【当前贷款剩余额度】+【当前在产品价值+产成品】×3		>	本次订购原料价值+未收货原料价值
年初的资金池	现金 应收款 贷款剩余额度		
—			
采购前其他资金需求	年初投入 产品研发 管理费 本金还款 财务费用 所得税 厂房投入 生产线建线、技改、转产 维修费 开产投入（原材料+人工）		
+			
采购前交单收入			
+			
（采购下单时在产品和产成品价值）×3			

注：【原材料采购】资金测算中，贷款剩余额度可能为负值。

2. 生产线开产资金测算

由于原材料采取零库存管理，生产线开产的时点，需要采购经理进行原材料收货付款，需要生产经理进行生产线开产操作工人工资支付，存在现金不足的风险，需要提前做好资金计划，如图 4-4 所示。

我们制定生产线开产资金可行方案，一般是在当年的年初进行分析，需要考虑年初的资金池（现金+应收款+贷款剩余额度）、生产线开产前其他资金需求、生产线开产前

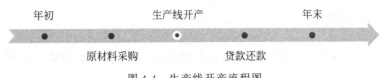

图 4-4　生产线开产流程图

交单收入、原材料收货付款金额、生产线开产操作工人工资。其中,贷款剩余额度为大于等于 0。

测算时间点一般是第 1 年生产线第 1 次开产时间、自动线转产后开产时间、之后年份新建生产线第 1 次开产时间、保持一定产成品库存下的生产线开产时间等。具体测算方案,如表 4-15 所示。

表 4-15　生产线开产资金可行方案

【生产线开产】资金可行方案				
测算时点：第 1 年生产线第 1 次开产时间、自动线转产后开产时间、之后年份新建生产线第 1 次开产时间、保持一定产成品库存下的生产线开产时间等。				
【当前现金总量】+【当前应收】+【当前贷款剩余额度】			>	原材料收货付款金额＋生产线开产操作工人工资
年初的资金池		现金		
^		应收款		
^		贷款剩余额度		
—				
生产线开产前其他资金需求		年初投入		
^		产品研发		
^		管理费		
^		本金还款		
^		财务费用		
^		所得税		
^		厂房投入		
^		生产线建线、技改、转产		
^		维修费		
^		前期开产投入(原材料＋人工)		
＋				
生产线开产前交单收入				

注：【生产线开产】资金测算中,贷款剩余额度为大于等于 0。

3. 贷款还款资金测算

企业在运营中由财务经理进行短期或长期贷款,在贷款到期需要偿还贷款本金及利息时,存在偿还贷款本金及利息的资金风险,需要提前做好资金计划,如图4-5所示。

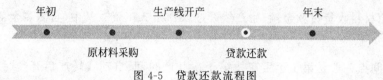

图 4-5 贷款还款流程图

我们制定贷款还款资金可行方案,一般是在当年的年初进行分析,需要考虑年初的资金池(现金+应收款+贷款剩余额度)、贷款还款前其他资金需求、贷款还款前交单收入、本金及利息还款金额。

根据现有规则,如果当前应还贷款进入容忍期(即违约未还),则不能进行贷款操作(不论是否还有额度)。因此已经出现贷款还款违约时,贷款资金可行方案中需要去除【当前贷款剩余额度】。

测算时间点一般是大额利息还款时间、大额本金还款时间。具体测算方案,如表 4-16 所示。

表 4-16 贷款还款资金可行方案

【贷款还款】资金可行方案		
测算时点:大额利息还款时间、大额本金还款时间。		
【当前现金总量】+【当前应收】+【当前贷款剩余额度】 || >	贷款本金还款金额+利息还款金额
年初的资金池	现金 应收款 贷款剩余额度	
—		
贷款还款前其他资金需求	年初投入 产品研发 管理费 本金还款 财务费用 所得税	

续表

贷款还款前其他资金需求	厂房投入 生产线建线、技改、转产 维修费 开产投入（原材料＋人工）	
＋		
贷款还款前交单收入		

注：【贷款还款】资金测算中，贷款剩余额度为大于等于0。当出现贷款还款违约时，贷款剩余额度将被剔除。

4. 年底资金测算

企业经过一年运营，年底资金池的保有量，是财务经理需要关注的重要指标。年底资金池直接影响到当年战略广告的投放能力、影响到第二年年初资金的充足度。

我们制定年底资金可行方案，一般是在当年的年初进行分析，需要考虑年初的资金池（现金＋应收款＋贷款剩余额度）、当年其他资金需求、当年交单收入、当年战略广告、下一年初资金需求。其中，贷款剩余额度为大于等于0。

年底资金池中，年底现金和应收账款都可以在下一年初继续使用，但是贷款剩余额度将会在下一年重新计算。具体测算方案，如表4-17所示。

表4-17　年底资金可行方案

【年底】资金可行方案			
【现金总量】＋【年底应收】＋【年底贷款剩余额度】		＞	当年战略广告＋ 下一年初资金需求
年初的资金池	现金 应收款 贷款剩余额度		当年战略广告 下一年初资质投资 下一年初其他资金需求
－			

续表

当年其他资金需求	年初投入 产品研发 管理费 本金还款 财务费用 所得税 厂房投入 生产线建线、技改、转产 维修费 开产投入（原材料＋人工）		当年战略广告 下一年初资质投资 下一年初其他资金需求
＋			
当年交单收入			

注：【年底】资金测算中，贷款剩余额度为大于等于0。

4.6 利润测算

利润测算是企业财务测算的一部分，估算企业年度整体盈利情况，主要分为企业净利润测算和下一年贷款额度测算。

1. 净利润

净利润测算与之前的建线方案保持一致，根据不同的目的需求，订单交付数量和总金额可以是选取订单之前的估算，也可以是订单分配之后的精算。

净利润测算分为毛利润测算、税前利润测算、净利润测算三个步骤，需要考虑订单总收入、直接生产成本、其他各项费用、往年亏损等，如表4-18所示。

表 4-18 净利润测算

	订单总收入	
	直接生产成本	订单产品原材料＋操作工人工资
毛利润		订单总收入－直接生产成本
	广告	
	市场准入投资	
	ISO 资格投资	
	租金	
	产品研发	
	管理费	
	技改费	
	设备维修费	
	折旧	
	转产费	
	利息贴息	
税前利润		毛利润－以上各种费用
	所得税	考虑弥补往年亏损
净利润		税前利润－所得税

净利润测算和【利润表】填写,有着一定的区别:

- 利润测算中的订单总收入为预估值,或是选取订单之前的估算,或是订单分配之后的精算;【利润表】中的销售收入为实际发生值,考虑了订单违约金。
- 利润测算中的直接生产成本为预估值;【利润表】中的销售成本为实际发生值,考虑了原材料和产品现货市场采购。
- 利润测算不考虑各种违约费用,利息贴息为预估值。

2. 下一年可贷款金额

下一年可贷款金额由当年企业权益、贷款倍数和已贷款金额决定。

下一年贷款额度＝当年企业权益×贷款倍数

下一年可贷款金额＝下一年贷款额度－已贷款金额

＝当年企业权益×贷款倍数－已贷款金额

贷款倍数由规则确定,已贷款金额来自当年企业贷款情况。

$$当年企业权益＝上一年企业权益＋当年净利润$$

因此,计算企业下一年可贷款金额的基础是测算企业当年净利润。

下一年可贷款金额指标对下一年企业进行市场拓展和生产扩张具有十分重要的作用。企业获得持续可扩张能力的基础,是获得持续稳定的外部贷款,这就需要企业有很好的利润控制能力,保持企业扩张和盈利之间的良好平衡。

4.7 生产采购时间表

生产采购时间表是指生产总监和采购总监,根据企业经营计划,将企业具体的建线时间、技改时间、采购时间、开产时间整理成前后连续的时间表。具体分为一般生产采购时间表和生产采购时间表并表。

1. 一般生产时间表

第一年经营开始,企业根据生产线规则和已分配订单,制定生产时间表。新建生产线、技改和连续生产,时间表要对应到具体的厂房生产线,每个时间都要精确到日期。生产时间表要和已分配订单相匹配,保证订单可以顺利交付,如表4-19所示。

表4-19 一般生产时间表

生产方案	厂房、生产线、产品数量				已分配订单
	时间	生产线推进	生产资金	产成品	
建线	初建时间 建线2期时间 …… 建线i期时间	新建生产线 2期建设推进 …… i期建设推进			
技改	技改1期时间 …… 技改j期时间	1期技改 …… j期技改			
开产	开产1期时间 …… 开产n期时间	1期开产 …… n期开产			进行订单匹配

以附录 2018 上海赛规则为例,如表 4-20 所示。

表 4-20 一般生产时间表实例

生产方案	A 厂房 1-4 柔性线 P3				
	时间	生产线推进	生产资金(万元)	产成品	已分配订单
建线	1 年 1 月 1 日	A 厂房 1-4 柔性线新建	200		
	1 年 2 月 16 日	A 厂房 1-4 柔性线建设推进	200		
	1 年 4 月 1 日	A 厂房 1-4 柔性线建设推进	200		
	1 年 5 月 16 日	A 厂房 1-4 柔性线建设推进	200		
技改	1 年 7 月 1 日	A 厂房 1-4 柔性线技改	80		
开产	1 年 7 月 21 日	A 厂房 1-4 柔性线生产 P3	40		
	1 年 9 月 9 日	A 厂房 1-4 柔性线生产 P3	40	4P3	1 年 10 月 1 日 4P3
	1 年 10 月 27 日	A 厂房 1-4 柔性线生产 P3	40	4P3	1 年 11 月 1 日 4P3
	1 年 12 月 15 日	A 厂房 1-4 柔性线生产 P3	40	4P3	1 年 12 月 18 日 4P3

2. 一般采购时间表

企业根据原材料供货规则和生产时间表,制定采购时间表。原材料采购下单时间、收货时间要同生产时间相匹配,保证生产可以顺利进行,如表 4-21 所示。

表 4-21 一般采购时间表

开产时间	生产线推进	原材料 A 下单	原材料 B 下单	原材料收货	采购资金
开产 1 期时间 …… 开产 n 期时间	1 期开产 …… n 期开产	原材料 A 第 1 期 …… 原材料 A 第 n 期	原材料 B 第 1 期 …… 原材料 B 第 n 期	原材料 A + 原材料 B	

- 原材料 A 为近期原料采购期限，原材料 B 为远期原料采购期限。根据规则，近期原料采购期限一般是 20～30 天，少于一个生产周期；远期原料采购期限一般是 60 天，大于一个生产周期。
- 为了减少资金占用，提高企业资金的流动性，同时减少管理的节点，降低操作复杂度，原材料采购采取零库存管理。
  即：无论远期和近期采购的原料，均在开产的当天付款收货入库。

以附录 2018 上海赛规则为例，如表 4-22 所示。

表 4-22　一般采购时间表实例

开产时间	生产线推进	原材料 A 下单	原材料 B 下单	原材料收货	采购资金（万元）
1 年 7 月 21 日	A 厂房 1-4 柔性线生产 P3	1 年 6 月 21 日 4R1	1 年 5 月 21 日 4R3＋4R4	4R1＋4R3＋4R4	132
1 年 9 月 9 日	A 厂房 1-4 柔性线生产 P3	1 年 8 月 9 日 4R1	1 年 7 月 9 日 4R3＋4R4	4R1＋4R3＋4R4	132
1 年 10 月 27 日	A 厂房 1-4 柔性线生产 P3	1 年 9 月 27 日 4R1	1 年 8 月 27 日 4R3＋4R4	4R1＋4R3＋4R4	132
1 年 12 月 15 日	A 厂房 1-4 柔性线生产 P3	1 年 11 月 15 日 4R1	1 年 10 月 15 日 4R3＋4R4	4R1＋4R3＋4R4	132

3. 生产时间表并表

在现有生产线 A 的基础上，企业新建生产线 B，会存在现有生产线 A 和新建生产线 B 开产时间表不一致。

不一致的开产时间表会对企业带来如下问题：

- 企业运营操作的时间点主要集中在生产和采购两个角色。两套生产线开产节奏，相应的需要两套原材料采购时间点，这样整个操作复杂度会提高一倍。

- 企业每年的运营操作时间限定在 60 分钟,更多的操作时间意味着企业进行决策制定、竞争对手分析、财务测算、报表填写等其他时间被缩短。同时,操作失误出现的可能性也大为提高。

生产时间表并表方案为,让生产线 B 的第 1 期开产与生产线 A 的第 n 期开产在同一时间点,这样后续的开产时间和原材料采购时间都在同一时间点。

我们根据生产线 B 的开产 1 期时间,倒推算出生产线 B 的初始建线时间。这样就完成了两个生产线的时间表并表,如表 4-23 所示。

表 4-23 生产时间表并表

	生产线 A		生产线 B		生产资金	产成品
	时间	生产线推进	时间	生产线推进		
建线			初建时间 建线 2 期时间 …… 建线 i 期时间	新建生产线 2 期建设推进 …… i 期建设推进		
技改			技改 1 期时间 …… 技改 j 期时间	1 期技改 …… j 期技改		
开产	开产 m 期时间 …… 开产 $m+n-1$ 期时间	m 期开产 …… $m+n-1$ 期开产	开产 1 期时间 …… 开产 n 期时间	1 期开产 …… n 期开产		

以附录 2018 上海赛规则为例，如表 4-24 所示。

表 4-24 生产时间表并表实例

	生产线 A		生产线 B		生产资金（万元）	产成品
	时间	生产线推进	时间	生产线推进		
建线			2 年 1 月 25 日	B 厂房 5-6 柔性线新建	100	
			2 年 3 月 10 日	B 厂房 5-6 柔性线建设推进	100	
			2 年 4 月 25 日	B 厂房 5-6 柔性线建设推进	100	
			2 年 6 月 10 日	B 厂房 5-6 柔性线建设推进	100	
技改			2 年 7 月 25 日	B 厂房 5-6 柔性线技改	40	
开产	2 年 8 月 15 日	A 厂房 1-4 柔性线生产 P3	2 年 8 月 15 日	B 厂房 5-6 柔性线生产 P3	60	
	2 年 10 月 3 日	A 厂房 1-4 柔性线生产 P3	2 年 10 月 3 日	B 厂房 5-6 柔性线生产 P3	60	6P3
	2 年 11 月 21 日	A 厂房 1-4 柔性线生产 P3	2 年 11 月 21 日	B 厂房 5-6 柔性线生产 P3	60	6P3

4.8 整体时间表

虚拟运营操作中，总经理需要掌握涵盖生产、采购、销售、财务时间表在内的企业年度整体时间表，如表 4-25 所示。

表 4-25 企业年度整体时间表

企业年度整体时间表

	总经理	生产	采购	销售	财务	资金
年初	促销广告 选单 市场投资 ISO 投资					
1月						
2月						
3月						
4月					管理费 应收款回款 贷款 利息 还款 维修费 折旧 所得税	
5月	厂房购买 厂房租用 厂房续租 产品研发 战略广告	生产线建线 生产线技改 生产线开产 生产线转产	原材料采购	产品订单交付		
6月						
7月						
8月						
9月						
10月						
11月						
12月						

- 企业整体时间表按月份划分,标明每个角色在一个月内的所有操作时间点和具体操作。资金流入为正值,资金流出为负值。
- 在实际操盘中,总经理根据整体时间表确定停顿的日期,每个角色和总经理核实时间点的准确性。
- 对于已经完成的时间点和操作,进行及时标注,防止出现遗漏;对于有错误的时间点,进行及时调整纠偏。

以附录 2018 上海赛规则为例,如表 4-26 所示。

表 4-26 企业年度整体时间表实例

第 1 年

	总经理	生产	采购	销售	财务	资金（万元）
年初	促销广告,选单,国内市场投资,ISO 9000 投资					−100
1 月	1.1 租厂房 A,研发 P3,A 厂房 1-4 柔建线新建,管理费					−265
2 月	2.1 研发 P3,管理费					−15
	2.16 A 厂房 1-4 柔建线建设推进					−200
3 月	3.1 研发 P3,管理费					−15
4 月	4.1 A 厂房 1-4 柔建线建设推进,管理费					−205
5 月	5.1 管理费					−5
	5.16 A 厂房 1-4 柔建线建设推进					−200
	5.21 订购 4R3+4R4					
6 月	6.1 管理费					−5
	6.21 订购 4R1					
7 月	7.1 A 厂房 1-4 柔性线技改,管理费					−85
	7.9 订购 4R3+4R4					
	7.21 原材料收货 4R1+4R3+4R4,A 厂房 1-4 柔性线生产 P3					−172
8 月	8.1 管理费					−5
	8.9 订购 4R1					
	8.27 订购 4R3+4R4					
9 月	9.1 管理费 5					−5
	9.9 产成品下线 4P3,4P3 订单交付					280
	9.9 原材料收货 4R1+4R3+4R4,A 厂房 1-4 柔性线生产 P3					−172
10 月						
11 月						
12 月						

第五章

沙盘虚拟运营的战略谋划

战略管理是企业持续发展的重要支柱。企业虚拟运营最后实际竞争的是,谁能够在现有的规则和市场下,设定更为高效合理的企业战略目标,制订年度经营计划,并有效操作执行达到既定目标,如图 5-1 所示。

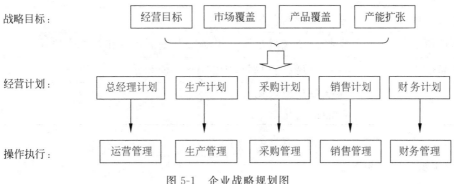

图 5-1 企业战略规划图

虚拟企业战略目标至少包含以下四个维度:

- 经营目标——虚拟企业经营需要有明确的经营目标,包括企业的竞争地位、期末利润和权益等。
- 市场覆盖——在整个经营期间,企业有计划的成为某个市场,或者某几个市场的领导者,投入较多的广告、拥有较高的市场知名度,从而获取充足的市场订单。
- 产品覆盖——在整个经营期间,企业有计划的研发和生产某几种产品,选定一到两种产品作为自身的主打产品,进行稳定生产。
- 产能扩张——在整个经营期间,企业有计划地进行生产线建设和投产,保证生产的持续运转。

虚拟企业相比于一般企业,战略类型是有限的,要和虚拟环境和竞争态势相适应,要和企业经营计划相衔接一致,适用于企业发展的不同时期。

5.1　扩张型战略谋划

扩张型战略适用于扩张型市场,企业的战略目标是适应市场的快速扩张,尽可能的快速扩大产能,超越竞争对手,获得更大的市场订单份额。这样在虚拟运营后期,能够有更大的产能,更多的资金积累,掌握竞争主动权,如表 5-1 所示。

表 5-1　扩张型战略

	第 1 年	第 2 年	第 3 年	第 4 年
经营目标	总销售额居首位			
市场覆盖	选择订单充足市场→市场知名度居前→市场知名度第一			
产品覆盖	订单充足、毛利润适中的 1～2 种产品			
产能扩张	建线数量最大化 产能最大化			

扩张型战略目标分解:

- 经营目标:到经营后期,实现总销售额最大化,依靠优势的市场份额压制竞争对手。
- 市场覆盖——经营前期选择订单充足市场,满足销售额最大化需要;经营中期保持市场知名度居前占有几个市场,获得数量上有保证的产品订单;经营后期争取在某个市场知名度排名第一,能够实现对竞争对手的压制。
- 产品覆盖——定位于订单充足、毛利润适中的产品,能够满足快速扩张市场的需要。产品数量有 1～2 种就足够。
- 产能扩张——在整个经营期间,企业在既定产品下,租用厂房,保持生产线的最大建线数量、最大开产数量,从而实现最大产能。

5.2　利润型战略谋划

利润型战略适用于高毛利润市场,在经营前期企业需要占据市场知名度前列,从而获得足够的高毛利润订单,实现利润最大化。这样能够为后期的快速扩张提供资金保障,如表 5-2 所示。

表 5-2　利润型战略

	第 1 年	第 2 年	第 3 年	第 4 年
经营目标	订单毛利润最大化			
市场覆盖	市场知名度居前→市场知名度第一			
产品覆盖	定位在高毛利润产品			
产能扩张	前期毛利润最大化，后期产能和利润同时最大化			

利润型战略目标分解：

- 经营目标：在经营前期，获得足够的高毛利润订单，实现利润最大化，以利润推动产能的快速扩张。
- 市场覆盖——经营前期在市场知名度居前，满足订单毛利润最大化需要；经营后期保证在市场知名度排名第一，获得数量充足的高毛利润产品订单。
- 产品覆盖——定位在高毛利润产品。
- 产能扩张——在经营前期，以毛利润最大化进行生产线建线和开产；在经营后期，依托高利润带来的充足资金，实现产能快速扩张。

5.3　产能灵活型战略谋划

产能灵活型战略适用于需求波动型市场，在整个经营过程中企业面临着市场需求的剧烈波动，订单价格和订单数量均会出现大起大落，产能灵活以适应变化的需求成为企业战略的重心，如表 5-3 所示。

表 5-3　产能灵活型战略

	第 1 年	第 2 年	第 3 年	第 4 年
经营目标	灵活产能下保持利润最大化			
市场覆盖	多市场知名度居前			
产品覆盖	随需求及时调整产品			
产能扩张	在资金安全下实现产能最大化			

产能灵活型战略目标分解：

- 经营目标：在保证资金安全的情况下，实现企业产能最大化。依靠优秀的成本控制，获得更高的经营利润，从而压制竞争对手。
- 市场覆盖——随着市场需求变化切换市场，保证在各市场知名度排名的平衡，获得数量充足的产品订单。
- 产品覆盖——适应市场需求的变化，多种产品均会涉及。
- 产能扩张——在保持资金安全下，生产产能最大化；在市场萎缩时，控制生产成本，保证利润最大化。

第六章 沙盘虚拟运营实训项目

本章为学生小组搭建沙盘运营实训项目指导模板,推动实训项目过程的精细化管理。本章实训所用表格、数据,可扫二维码下载电子版,方便使用。

沙盘虚拟运营实训项目整个过程包括小组组建、规则解读、初始运营、反思运营和综合运营5个阶段。

扫码下载电子表格

6.1 小组组建

学生小组组建过程包括角色划分和岗位角色职责划分两部分,作为小组开展实训和推进实训任务的重要保障。

1. 小组角色划分

首先,用投票法或自荐法,选出小组组长,负责实训任务推进和课下训练的组织。

其次,用组长任命法或综合轮岗法,给全组每人每阶段一个适合的运营角色,具体小组角色划分记录,如表6-1所示。

表6-1 小组角色划分

班级组号:

学号	姓名	初始运营角色	反思运营角色	综合运营角色	小组组长	
					实训任务推进	课下训练组织
		总经理				
		采购总监				
		生产总监				
		销售总监				
		财务总监				

2. 岗位角色职责划分

具体岗位角色职责划分要以岗位操作为基础,综合考虑每个成员的能力和各种谋划推演的任务量,具体如表 6-2、表 6-3、表 6-4 所示。

表 6-2 岗位角色职责划分(初始运营)

学号	姓名	角色	市场需求分析	竞争对手分析	经营测算	时间表管理	岗位操作	岗位辅助
		总经理					√	
		采购总监					√	
		生产总监					√	
		销售总监					√	
		财务总监					√	

表 6-3 岗位角色职责划分(反思运营)

学号	姓名	角色	市场需求分析	竞争对手分析	经营测算	时间表管理	岗位操作	岗位辅助
		总经理					√	
		采购总监					√	
		生产总监					√	
		销售总监					√	
		财务总监					√	

表 6-4 岗位角色职责划分(综合运营)

学号	姓名	角色	市场需求分析	竞争对手分析	经营测算	时间表管理	岗位操作	岗位辅助
		总经理					√	
		采购总监					√	
		生产总监					√	
		销售总监					√	
		财务总监					√	

岗位角色职责划分应注意以下几点：
- 岗位角色职责划分需要在实训中不断地调整完善，没有固定的任务分配模式。
- 每种职责至少由一人承担，建议由两人或多人分担。但注意不要出现某个岗位承担过多的任务量。
- 市场需求分析可以以总经理为主导，其他岗位辅助。
- 竞争对手分析至少需要有总经理、销售总监参与。
- 经营测算可以以总经理规划安排为基础，生产总监、财务总监主导测算。
- 时间表管理可以以生产总监和采购总监为主导，总经理整合完成。
- 对于复杂较易出错的岗位操作，建议由其他岗位辅助完成。例如生产和采购可以相互辅助。

6.2 规则解读

规则解读是按运营谋划维度分别进行的，包括市场初始状态、市场和产品资质、建线生产、要素价格比、贷款贴现价格比等解读。

1. 市场初始状态

市场初始状态分析包括企业初始股东资本金、初期最大可利用资金量、已开发的市场资质和产品资质，如表 6-5 所示。

表 6-5 市场初始状态

股东资本	最大可用资金	市场资质	产品资质

- 虚拟运营一般都是从零起点开始，企业只拥有初始股东资本金。
- 除了股东资本金之外，企业可以通过外部贷款获得可用资金，团队需要测算出包括股东资本在内的企业初始年度最大可用资金。
- 初始市场资质决定了企业第一年可以进入的市场范围。
- 初始产品资质决定了企业第一年初可以生产的产品。

2. 市场和产品资质

虚拟规则中市场和产品资质拓展的成本和最快速度需要进行分析,知道在不同年度企业能进入的最大市场范围和产品研发完成的时间,如表 6-6、表 6-7 所示。

表 6-6　市场和 ISO 资质拓展

	市场资质	ISO 资质
一年可拓展资质		
二年可拓展资质		
三年至四年可拓展资质		

表 6-7　产品资质研发

	产品资质研发资金	产品资质研发时间
P1		
P2		
P3		
P4		
P5		

3. 建线生产

基于生产规则,企业需要对不同生产线从建线、技改、开产全流程运营进行解读分析,包括第一年建线生产的运营费用、第一年生产批次、稳定生产年度运营费用和稳定年度生产批次,如表 6-8 所示。

表 6-8　建线生产分析

	公式	手工线	自动线	柔性线
第一年建线生产费用	建线费＋技改费＋n 期操作工人工资			
第一年生产批次	n 期			
稳定生产年度费用	m 期操作工人工资＋折旧费＋维修费			
稳定年度生产批次	m 期			

- 第一年建线生产是以当年1月1日开始,连续建线、技改和生产,不同生产线会有最大的当年生产批次。费用包括建线成本、技改费、操作工人工资。
- 稳定年度生产是以已有生产线进行连续生产,不同生产线会有其最大的当年生产批次。费用包括折旧费、维修费、操作工人工资。
- 因为是进行生产规则解读,没有考虑转产情况造成的成本和生产批次的变化。

4. 要素价格比

基于比赛规则,企业组织生产运营涉及厂房、原材料、产品等要素的购买或租用,在不同市场每种要素获取和使用的成本是不同的,需要加以比较分析,如表6-9所示。

表 6-9　要素价格比分析

	公　式	实际取值(或估值)
厂房租售价格比	厂房一年租金/厂房购买价格	
原材料期现价格比	原材料正常采购价格/原材料现货购买价格	
产品现货售卖价格比	产品现货出售价格/产品现货购买价格	
产品订现价格比	产品订单平均价格/产品现货购买价格	

- 厂房租售价格比数值的相对高低与长期贷款利率有关,如长期贷款利率为0.1,购买厂房的年成本为0.1。厂房租售价格比远大于0.1时,购买厂房比租用厂房更为合适;厂房租售价格比接近于0.1时,租用厂房比购买厂房更为合适。
- 原材料期现价格比体现了原材料现货市场紧急采购的机会成本大小,数值越小紧急采购机会成本越大,通过现货市场紧急采购原材料越不合适。
- 产品现货售卖价格比体现了在现货市场买卖产品的机会成本大小,数值越小现货市场买卖产品机会成本越大,通过现货市场卖出多余的产品和买进急需的产品越不合适。
- 产品订现价格比体现了产品在现货市场紧急采购的机会成本大小,数值越小紧急采购机会成本越大,通过现货市场紧急采购订单缺失产品越不合适。

5. 贷款贴现价格比

企业运营中常用获取资金的方式包括贷款和应收款贴现,贷款利率和贴现利率是两种方式获取资金的成本,需要加以比较分析,如表 6-10 所示。

$$贷款贴现价格比＝贷款利率/贴现利率$$

表 6-10　贷款贴现价格比分析

项　　目	长　贷	短　贷
30 天贴现		
60 天贴现		
90 天贴现		
120 天贴现		

- 当贷款贴现价格比大于 1,应收款贴现获取资金更为便宜;
- 当贷款贴现价格比小于 1,贷款获取资金更为便宜。

6.3　市场需求分析

在现有市场数据的基础上,把订单价格转变成产品毛利润,以年份为主导,制作市场需求分析表,如表 6-11、表 6-12、表 6-13、表 6-14 所示。

表 6-11　第 1 年市场需求分析

年份	需求数量					产品毛利润(订单价格－直接成本)				
	P1	P2	P3	P4	P5	P1	P2	P3	P4	P5
本地										
区域										
国内										
亚洲										
国际										

表 6-12　第 2 年市场需求分析

年份	需求数量					产品毛利润（订单价格－直接成本）				
	P1	P2	P3	P4	P5	P1	P2	P3	P4	P5
本地										
区域										
国内										
亚洲										
国际										

表 6-13　第 3 年市场需求分析

年份	需求数量					产品毛利润（订单价格－直接成本）				
	P1	P2	P3	P4	P5	P1	P2	P3	P4	P5
本地										
区域										
国内										
亚洲										
国际										

表 6-14　第 4 年市场需求分析

年份	需求数量					产品毛利润（订单价格－直接成本）				
	P1	P2	P3	P4	P5	P1	P2	P3	P4	P5
本地										
区域										
国内										
亚洲										
国际										

6.4 初始运营

实训运营分为初始运营、反思运营和综合运营,是实训的不同阶段,整体构成完整的实训项目。在整个实训项目中需要完成经营目标、生产采购时间表、整体时间表、资金测算和利润测算等。

1. 年度经营目标

初始运营以一年为运营总时间,企业在第一年实现利润最大化,如表6-15所示。

表6-15 企业初始运营年度经营目标

项 目	目 标 数 值
市场知名度	
目标产品	
产能	
总收入	
净利润	

2. 贷款计划

在贷款计划表中填写出一年内长期贷款和短期贷款的贷款额度和计划贷款金额,如表6-16所示。

因为运营周期为一年,不需要考虑还本付息。

表6-16 贷款计划

项 目	数 值
贷款额度	
计划贷款类型	
计划贷款金额	

3. 生产采购时间表

以企业当年已分配订单为基础,制定相应的生产时间表,如表6-17所示。

表 6-17　生产时间表

生产方案	时间	生产线推进	生产资金	产成品	已分配订单
建线					
技改					
开产					

以企业当年生产时间表为基础，制定相应的采购时间表，如表 6-18 所示。

表 6-18　采购时间表

开产时间	生产线推进	原材料 A 下单	原材料 B 下单	原材料收货	采购资金

4. 整体时间表

以当年总经理、销售、生产、采购、财务各岗位时间安排,制定企业整体时间表,如表 6-19 所示。

表 6-19　企业年度整体时间表(第 1 年)

	总经理	生产	采购	销售	财务	资金
年初						
1月						
2月						
3月						
4月						
5月						
6月						
7月						
8月						
9月						
10月						
11月						
12月						

5. 资金测算

资金测算主要关注原材料采购订货关键节点资金测算、生产线开产关键节点资金测算和年底资金测算,如表 6-20、表 6-21、表 6-22 所示。

表 6-20　原材料采购资金测算

测算时间		
【当前现金总量】+【当前应收】+【当前贷款剩余额度】+【当前在产品价值+产成品】×3	>	本次订购原料价值+未收货原料价值
年初的资金池-采购前其他资金需求+采购前交单收入+(采购下单时在产品和产成品价值)×3		

注：【原材料采购】资金测算中，贷款额度剩余可能为负值，会造成极大的采购风险。

表 6-21　生产线开产资金测算

测算时间		
【当前现金总量】+【当前应收】+【当前贷款剩余额度】	>	原材料收货付款金额+生产线开产操作工人工资
年初的资金池-生产线开产前其他资金需求+生产线开产前交单收入		

注：【生产线开产】资金测算中，贷款剩余额度为大于等于 0。

表 6-22　年底资金测算

【现金总量】+【年底应收】+【年底贷款剩余额度】	>	当年战略广告＋下一年初资金需求
年初的资金池－当年其他资金需求＋当年交单收入		当年战略广告 下一年初资质投资 下一年其他资金需求

注:【年底】资金测算中,贷款剩余额度为大于等于0。

6. 利润测算

利润测算是以年初已分配订单为测算基础,精准预测当年的订单总收入、毛利润、税前利润和净利润,如表 6-23 所示。

表 6-23　净利润测算

项　目	净利润测算数值
订单总收入	
直接生产成本	
毛利润	
广告	
市场准入投资	
ISO 资格投资	
租金	
产品研发	
管理费	

续表

项　　目	净利润测算数值
技改费	
设备维修费	
折旧	
转产费	
利息贴息	
税前利润	
所得税	
净利润	

6.5　反思运营（第一年）

反思运营与初始运营采用相同的比赛规则，以两年为运营总时间，在初始运营的基础上，企业进行运营延展，实现两年运营利润最大化。

反思运营和初始运营的区别在于：

- 反思运营是在初始运营的基础上，根据第一年的运营结果，对第二年的运营计划进行调整和再思考，包含了初始运营没有的市场开拓、维修费、折旧、税金、贷款还款和付息等。

1. 年度经营目标

反思运营以两年为运营总时间，企业在两年内实现利润最大化，如表 6-24 所示。

表 6-24　企业反思运营第一年经营目标

项　　目	目　标　数　值
市场知名度	
目标产品	
产能	
总收入	
净利润	

2. 贷款计划

在贷款计划表中填写出第一年内长期贷款和短期贷款的贷款额度和计划贷款金额，如表 6-25 所示。

表 6-25 贷款计划

项 目	数 值
贷款额度	
计划贷款类型	
计划贷款金额	

3. 生产采购时间表

以企业第一年已分配订单为基础，制定相应的生产时间表，如表 6-26 所示。

表 6-26 生产时间表

生产方案	时间	生产线推进	生产资金	产成品	已分配订单
建线					
技改					
开产					

以企业当年生产时间表为基础,制定相应的采购时间表,如表6-27所示。

表6-27 采购时间表

开产时间	生产线推进	原材料A下单	原材料B下单	原材料收货	采购资金

4．整体时间表

以第一年总经理、销售、生产、采购、财务各岗位时间安排,制定企业整体时间表,如表6-28所示。

表6-28 企业年度整体时间表(第1年)

	总经理	生产	采购	销售	财务	资金
年初						
1月						
2月						
3月						
4月						
5月						
6月						

续表

	总经理	生产	采购	销售	财务	资金
7月						
8月						
9月						
10月						
11月						
12月						

5. 资金测算

资金测算主要关注第一年原材料采购订货关键节点资金测算、生产线开产关键节点资金测算和年底资金测算，如表6-29、表6-30、表6-31所示。

表6-29 原材料采购资金测算

测算时间		
【当前现金总量】+【当前应收】+【当前贷款剩余额度】+【当前在产品价值+产成品】×3	>	本次订购原料价值+未收货原料价值
年初的资金池－采购前其他资金需求+采购前交单收入+（采购下单时在产品和产成品价值）×3		

注：【原材料采购】资金测算中，贷款额度剩余可能为负值，会造成极大的采购风险。

表 6-30 生产线开产资金测算

测算时间		
【当前现金总量】+【当前应收】+【当前贷款剩余额度】	>	原材料收货付款金额+生产线开产操作工人工资
年初的资金池－生产线开产前其他资金需求+生产线开产前交单收入		

注：【生产线开产】资金测算中，贷款剩余额度为大于等于0。

表 6-31 年底资金测算

【现金总量】+【年底应收】+【年底贷款剩余额度】	>	当年战略广告+下一年初资金需求
年初的资金池－当年其他资金需求+当年交单收入		当年战略广告 下一年初资质投资 下一年其他资金需求

注：【年底】资金测算中，贷款剩余额度为大于等于0。

6. 利润测算

利润测算是以年初已分配订单为测算基础,精准预测第一年的订单总收入、毛利润、税前利润和净利润。

表 6-32 净利润测算

项目	数值
订单总收入	
直接生产成本	
毛利润	
广告	
市场准入投资	
ISO 资格投资	
租金	
产品研发	
管理费	
技改费	
设备维修费	
折旧	
转产费	
利息贴息	
税前利润	
所得税	
净利润	

6.6 反思运营（第二年）

1. 年度经营目标

在第一年的基础上，对企业的经营目标进行调整，制定第二年经营目标，如表 6-33 所示。

表 6-33　企业反思运营第二年经营目标

项　　目	目　标　数　值
市场知名度	
目标产品	
产能	
总收入	
净利润	

2. 贷款计划

在贷款计划表中填写出第二年长期贷款和短期贷款的贷款额度和计划贷款金额，如表 6-34 所示。

表 6-34　贷　款　计　划

项　　目	数　　　值
贷款额度	
计划贷款类型	
计划贷款金额	

3. 生产采购时间表

以企业第二年已分配订单为基础，制定相应的生产时间表，如表 6-35、表 6-36 所示。

表 6-35　现有生产线生产时间表

生产方案	时间	生产线推进	生产资金	产成品	已分配订单
开产					

表 6-36　新建生产线生产时间表

生产方案	时间	生产线推进	生产资金	产成品	已分配订单
建线					
技改					
开产					

以企业当年生产时间表为基础,制定相应的采购时间表,如表 6-37 所示。

表 6-37 采购时间表

开产时间	生产线推进	原材料 A 下单	原材料 B 下单	原材料收货	采购资金

4．整体时间表

以第二年总经理、销售、生产、采购、财务各岗位时间安排,制定企业整体时间表,如表 6-38 所示。

表 6-38 企业年度整体时间表(第 2 年)

	总经理	生产	采购	销售	财务	资金
年初						
1 月						
2 月						
3 月						
4 月						
5 月						
6 月						

续表

	总经理	生产	采购	销售	财务	资金
7月						
8月						
9月						
10月						
11月						
12月						

5. 资金测算

资金测算主要关注第二年原材料采购订货关键节点资金测算、生产线开产关键节点资金测算和年底资金测算,如表6-39、表6-40、表6-41所示。

表6-39 原材料采购资金测算

测算时间	
【当前现金总量】+【当前应收】+【当前贷款剩余额度】+【当前在产品价值+产成品】×3	> 本次订购原料价值+未收货原料价值
年初的资金池−采购前其他资金需求+采购前交单收入+(采购下单时在产品和产成品价值)×3	

注:【原材料采购】资金测算中,贷款额度剩余可能为负值,会造成极大的采购风险。

表 6-40　生产线开产资金测算

测算时间		
【当前现金总量】+【当前应收】+【当前贷款剩余额度】	>	原材料收货付款金额+生产线开产操作工人工资
年初的资金池-生产线开产前其他资金需求+生产线开产前交单收入		

注：【生产线开产】资金测算中，贷款剩余额度为大于等于0。

表 6-41　年底资金测算

【现金总量】+【年底应收】+【年底贷款剩余额度】	>	当年战略广告+下一年初资金需求
年初的资金池-当年其他资金需求+当年交单收入		当年战略广告 下一年初资质投资 下一年其他资金需求

注：【年底】资金测算中，贷款剩余额度为大于等于0。

6. 利润测算

利润测算是以第二年初已分配订单为测算基础,精准预测当年的订单总收入、毛利润、税前利润和净利润,如表 6-42 所示。

表 6-42　净利润测算

项　　目	数　　值
订单总收入	
直接生产成本	
毛利润	
广告	
市场准入投资	
ISO 资格投资	
租金	
产品研发	
管理费	
技改费	
设备维修费	
折旧	
转产费	
利息贴息	
税前利润	
所得税	
净利润	

6.7　综合运营(第一年)

综合运营与初始运营可以采用不相同的比赛规则,以三年至四年为运营总时间,实现三年至四年运营利润最大化。

综合运营和反思运营的区别在于:

- 综合运营是完整的决策运营管理过程,包含了竞争对手分析、战略目标、运营整体时间表、资金测算和利润测算。

- 综合运营是在初始运营和反思运营的基础上，进行整体的战略思考，并基于企业战略制订运营计划。

1. 战略目标

制定企业综合运营战略目标，如表 6-43 所示。

表 6-43　企业综合运营战略目标

		第 1 年	第 2 年	第 3 年	第 4 年
经营目标					
市场覆盖					
产品覆盖					
产能扩张	建线				
	产能				

2. 年度经营目标

依据企业综合运营战略目标，制定第一年年度经营目标，具体如表 6-44 所示。

表 6-44　企业综合运营第一年经营目标

项　目	目 标 数 值
市场知名度	
目标产品	
产能	
总收入	
净利润	

3. 贷款计划

在贷款计划表中填写出第一年内长期贷款和短期贷款的贷款额度和计划贷款金额，如表 6-45 所示。

表 6-45 贷款计划

项目	数值
贷款额度	
计划贷款类型	
计划贷款金额	

4. 竞争对手分析

针对第一年已分配订单，进行竞争对手分析，可根据选单情况分类比较，判断对手可能的生产方案，如表 6-46 所示。

表 6-46 竞争对手分析

企业小组	订单市场、产品、数量、时间	可能的生产方案	对手类型 （多订单、相近订单、异常订单）

5. 生产采购时间表

以企业第一年已分配订单为基础，制定相应的生产时间表，如表 6-47 所示。

表 6-47　生产时间表

生产方案	时间	生产线推进	生产资金	产成品	已分配订单
建线					
技改					
开产					

以企业当年生产时间表为基础，制定相应的采购时间表，如表 6-48 所示。

表 6-48　采购时间表

开产时间	生产线推进	原材料 A 下单	原材料 B 下单	原材料收货	采购资金

6. 整体时间表

以第一年总经理、销售、生产、采购、财务各岗位时间安排,制定企业整体时间表,如表 6-49 所示。

表 6-49　企业年度整体时间表(第 1 年)

	总经理	生产	采购	销售	财务	资金
年初						
1月						
2月						
3月						
4月						
5月						
6月						
7月						
8月						
9月						
10月						
11月						
12月						

7. 资金测算

资金测算主要关注第一年原材料采购订货关键节点资金测算、生产线开产关键节点资金测算和年底资金测算,如表 6-50、表 6-51、表 6-52 所示。

表 6-50　原材料采购资金测算

测算时间		
【当前现金总量】+【当前应收】+【当前贷款剩余额度】+【当前在产品价值+产成品】*3	>	本次订购原料价值+未收货原料价值
年初的资金池－采购前其他资金需求+采购前交单收入+（采购下单时在产品和产成品价值）*3		

注：【原材料采购】资金测算中，贷款额度剩余可能为负值，会造成极大的采购风险。

表 6-51　生产线开产资金测算

测算时间		
【当前现金总量】+【当前应收】+【当前贷款剩余额度】	>	原材料收货付款金额+生产线开产操作工人工资
年初的资金池－生产线开产前其他资金需求+生产线开产前交单收入		

注：【生产线开产】资金测算中，贷款剩余额度为大于等于 0。

表 6-52 年底资金测算

【现金总量】+【年底应收】+【年底贷款剩余额度】	> 当年战略广告＋下一年初资金需求
年初的资金池－当年其他资金需求＋当年交单收入	当年战略广告 下一年初资质投资 下一年其他资金需求

注：【年底】资金测算中，贷款剩余额度为大于等于 0。

8. 利润测算

利润测算是以年初已分配订单为测算基础，精准预测第一年的订单总收入、毛利润、税前利润和净利润，如表 6-53 所示。

表 6-53 净利润测算

项　　目	数　　值
订单总收入	
直接生产成本	
毛利润	
广告	
市场准入投资	
ISO 资格投资	
租金	
产品研发	
管理费	

续表

项　　目	数　　值
技改费	
设备维修费	
折旧	
转产费	
利息贴息	
税前利润	
所得税	
净利润	

6.8　综合运营（第二年）

1. 年度经营目标

在第一年的基础上，对企业的经营目标进行调整，制定第二年经营目标，如表 6-54 所示。

表 6-54　企业综合运营第二年经营目标

项　　目	目 标 数 值
市场知名度	
目标产品	
产能	
总收入	
净利润	

2. 贷款计划

在贷款计划表中填写出第二年内长期贷款和短期贷款的贷款额度和计划贷款金额，如表 6-55 所示。

表 6-55 贷 款 计 划

项　目	数　值
贷款额度	
计划贷款类型	
计划贷款金额	

3. 竞争对手分析

针对第二年已分配订单,进行竞争对手分析,可根据选单情况分类比较,判断对手可能的生产方案,重点关注每个市场前两名对手,如表 6-56 所示。

表 6-56 竞争对手分析

企业小组	订单市场、产品、数量、时间	可能的生产方案	对手类型 (多订单、相近订单、异常订单)

4. 生产采购时间表

以企业第二年已分配订单为基础,制定相应的生产时间表,如表 6-57、表 6-58 所示。

表 6-57 现有生产线生产时间表

生产方案					
	时间	生产线推进	生产资金	产成品	已分配订单
开产					

表 6-58 新建生产线生产时间表

生产方案					
	时间	生产线推进	生产资金	产成品	已分配订单
建线					
技改					
开产					

以企业当年生产时间表为基础,制定相应的采购时间表,如表6-59所示。

表 6-59 采购时间表

开产时间	生产线推进	原材料A下单	原材料B下单	原材料收货	采购资金

5. 整体时间表

以第二年总经理、销售、生产、采购、财务各岗位时间安排,制定企业整体时间表,如表6-60所示。

表 6-60 企业年度整体时间表(第2年)

	总经理	生产	采购	销售	财务	资金
年初						
1月						
2月						
3月						
4月						
5月						
6月						

续表

	总经理	生产	采购	销售	财务	资金
7月						
8月						
9月						
10月						
11月						
12月						

6. 资金测算

资金测算主要关注第二年原材料采购订货关键节点资金测算、生产线开产关键节点资金测算和年底资金测算，如表6-61、表6-62、表6-63所示。

表6-61 原材料采购资金测算

测算时间		
【当前现金总量】+【当前应收】+【当前贷款剩余额度】+【当前在产品价值+产成品】×3	>	本次订购原料价值＋未收货原料价值
年初的资金池－采购前其他资金需求＋采购前交单收入＋（采购下单时在产品和产成品价值）×3		

注：【原材料采购】资金测算中，贷款额度剩余可能为负值，会造成极大的采购风险。

表 6-62　生产线开产资金测算

测算时间		
【当前现金总量】+【当前应收】+【当前贷款剩余额度】	>	原材料收货付款金额+生产线开产操作工人工资
年初的资金池-生产线开产前其他资金需求+生产线开产前交单收入		

注：【生产线开产】资金测算中，贷款剩余额度为大于等于0。

表 6-63　年底资金测算

【现金总量】+【年底应收】+【年底贷款剩余额度】	>	当年战略广告+下一年初资金需求
年初的资金池-当年其他资金需求+当年交单收入		当年战略广告 下一年初资质投资 下一年其他资金需求

注：【年底】资金测算中，贷款剩余额度为大于等于0。

7．利润测算

利润测算是以年初已分配订单为测算基础,精准预测第二年的订单总收入、毛利润、税前利润和净利润,如表 6-64 所示。

表 6-64　净利润测算

项　　目	数　　值
订单总收入	
直接生产成本	
毛利润	
广告	
市场准入投资	
ISO 资格投资	
租金	
产品研发	
管理费	
技改费	
设备维修费	
折旧	
转产费	
利息贴息	
税前利润	
所得税	
净利润	

6.9 综合运营(第三年)

1. 年度经营目标

在第二年的基础上,对企业的经营目标进行调整,制定第三年经营目标,如表 6-65 所示。

表 6-65 企业综合运营第三年经营目标

项 目	目 标 数 值
市场知名度	
目标产品	
产能	
总收入	
净利润	

2. 贷款计划

在贷款计划表中填写出第三年内长期贷款和短期贷款的贷款额度和计划贷款金额,如表 6-66 所示。

表 6-66 贷款计划

项 目	数 值
贷款额度	
计划贷款类型	
计划贷款金额	

3. 竞争对手分析

针对第三年已分配订单,进行竞争对手分析,可根据选单情况分类比较,判断对手可能的生产方案,重点关注每个市场前两名对手,如表 6-67 所示。

表 6-67 竞争对手分析

企业小组	订单市场、产品、数量、时间	可能的生产方案	对手类型 (多订单、相近订单、异常订单)

4. 生产采购时间表

以企业第三年已分配订单为基础,制定相应的生产时间表,如表 6-68、表 6-69、表 6-70 所示。

表 6-68　现有生产线生产时间表

生产方案	时间	生产线推进	生产资金	产成品	已分配订单
开产					

表 6-69　新建生产线生产时间表之一

生产方案	时间	生产线推进	生产资金	产成品	已分配订单
建线					
技改					
开产					

表 6-70　新建生产线生产时间表之二

生产方案	时间	生产线推进	生产资金	产成品	已分配订单
建线					
技改					
开产					

以企业当年生产时间表为基础,制定相应的采购时间表,如表 6-71 所示。

表 6-71　采购时间表

开产时间	生产线推进	原材料 A 下单	原材料 B 下单	原材料收货	采购资金

5. 整体时间表

以第三年总经理、销售、生产、采购、财务各岗位时间安排,制定企业整体时间表,如表 6-72 所示。

表 6-72 企业年度整体时间表(第 3 年)

	总经理	生产	采购	销售	财务	资金
年初						
1月						
2月						
3月						
4月						
5月						
6月						
7月						
8月						
9月						
10月						
11月						
12月						

6. 资金测算

资金测算主要关注第三年原材料采购订货关键节点资金测算、生产线开产关键节点资金测算和年底资金测算,如表 6-73、表 6-74、表 6-75 所示。

表 6-73　原材料采购资金测算

测算时间		
【当前现金总量】+【当前应收】+【当前贷款剩余额度】+【当前在产品价值+产成品】×3	>	本次订购原料价值+未收货原料价值
年初的资金池－采购前其他资金需求+采购前交单收入+(采购下单时在产品和产成品价值)×3		

注:【原材料采购】资金测算中,贷款额度剩余可能为负值,会造成极大的采购风险。

表 6-74　生产线开产资金测算

测算时间		
【当前现金总量】+【当前应收】+【当前贷款剩余额度】	>	原材料收货付款金额+生产线开产操作工人工资
年初的资金池－生产线开产前其他资金需求+生产线开产前交单收入		

注:【生产线开产】资金测算中,贷款剩余额度为大于等于 0。

表 6-75　年底资金测算

【现金总量】+【年底应收】+【年底贷款剩余额度】	>	当年战略广告＋下一年初资金需求
年初的资金池－当年其他资金需求＋当年交单收入		当年战略广告 下一年初资质投资 下一年其他资金需求

注：【年底】资金测算中，贷款剩余额度为大于等于 0。

7．利润测算

利润测算是以年初已分配订单为测算基础，精准预测第三年的订单总收入、毛利润、税前利润和净利润，如表 6-76 所示。

表 6-76　净利润测算

项　　目	数　　值
订单总收入	
直接生产成本	
毛利润	
广告	
市场准入投资	
ISO 资格投资	
租金	
产品研发	
管理费	

续表

项　　目	数　　值
技改费	
设备维修费	
折旧	
转产费	
利息贴息	
税前利润	
所得税	
净利润	

6.10　综合运营(第四年)

1. 年度经营目标

在第三年的基础上,对企业的经营目标进行调整,制定第四年经营目标,如表6-77所示。

表6-77　企业综合运营第四年经营目标

项　　目	目 标 数 值
市场知名度	
目标产品	
产能	
总收入	
净利润	

2. 贷款计划

在贷款计划表中填写出第四年内长期贷款和短期贷款的贷款额度和计划贷款金额,如表6-78所示。

表 6-78　贷款计划

项　目	数　值
贷款额度	
计划贷款类型	
计划贷款金额	

3. 竞争对手分析

针对第四年已分配订单，进行竞争对手分析，可根据选单情况分类比较，判断对手可能的生产方案，重点关注每个市场前两名对手，如表 6-79 所示。

表 6-79　竞争对手分析

企业小组	订单市场、产品、数量、时间	可能的生产方案	对手类型 （多订单、相近订单、异常订单）

4．生产采购时间表

以企业第四年已分配订单为基础，制定相应的生产时间表，如表 6-80、表 6-81、表 6-82 所示。

表 6-80　现有生产线生产时间表

生产方案	时间	生产线推进	生产资金	产成品	已分配订单
开产					

表 6-81　新建生产线生产时间表之一

生产方案	时间	生产线推进	生产资金	产成品	已分配订单
建线					
技改					

续表

生产方案	时间	生产线推进	生产资金	产成品	已分配订单
开产					

表 6-82　新建生产线生产时间表之二

生产方案	时间	生产线推进	生产资金	产成品	已分配订单
建线					
技改					
开产					

以企业当年生产时间表为基础，制定相应的采购时间表，如表 6-83 所示。

表 6-83　采购时间表

开产时间	生产线推进	原材料 A 下单	原材料 B 下单	原材料收货	采购资金

5. 整体时间表

以第四年总经理、销售、生产、采购、财务各岗位时间安排,制定企业整体时间表,如表 6-84 所示。

表 6-84　企业年度整体时间表（第 4 年）

	总经理	生产	采购	销售	财务	资金
年初						
1 月						
2 月						
3 月						
4 月						
5 月						
6 月						
7 月						
8 月						
9 月						
10 月						
11 月						
12 月						

6. 资金测算

资金测算主要关注第四年原材料采购订货关键节点资金测算、生产线开产关键节点资金测算、还款关键点资金测算和年底资金测算,如表 6-85、表 6-86、表 6-87、表 6-88 所示。

表 6-85 原材料采购资金测算

测算时间		
【当前现金总量】+【当前应收】+【当前贷款剩余额度】+【当前在产品价值+产成品】×3	>	本次订购原料价值+未收货原料价值
年初的资金池－采购前其他资金需求＋采购前交单收入＋（采购下单时在产品和产成品价值）×3		

注：【原材料采购】资金测算中，贷款额度剩余可能为负值，会造成极大的采购风险。

表 6-86 生产线开产资金测算

测算时间		
【当前现金总量】+【当前应收】+【当前贷款剩余额度】	>	原材料收货付款金额+生产线开产操作工人工资
年初的资金池－生产线开产前其他资金需求＋生产线开产前交单收入		

注：【生产线开产】资金测算中，贷款剩余额度为大于等于0。

表 6-87　贷款还款资金测算

测算时间		
【当前现金总量】+【当前应收】+【当前贷款剩余额度】	＞	贷款本金还款金额＋利息还款金额
年初的资金池－贷款还款前其他资金需求＋贷款还款前交单收入		

注：【贷款还款】资金测算中,贷款剩余额度为大于等于 0。当出现贷款还款违约时,贷款剩余额度将被剔除。

表 6-88　年底资金测算

【现金总量】+【年底应收】+【年底贷款剩余额度】	＞	当年战略广告＋下一年初资金需求
年初的资金池－当年其他资金需求＋当年交单收入		当年战略广告 下一年初资质投资 下一年其他资金需求

注：【年底】资金测算中,贷款剩余额度为大于等于 0。

7. 利润测算

利润测算是以年初已分配订单为测算基础,精准预测第四年的订单总收入、毛利润、税前利润和净利润,如表 6-89 所示。

表 6-89 净利润测算

项　　目	数　　值
订单总收入	
直接生产成本	
毛利润	
广告	
市场准入投资	
ISO 资格投资	
租金	
产品研发	
管理费	
技改费	
设备维修费	
折旧	
转产费	
利息贴息	
税前利润	
所得税	
净利润	

附录

2018 年上海赛比赛规则与数据

以下是 2018 年上海市大学生企业经营模拟沙盘大盘大赛（简称 2018 上海赛）的比赛规则和相关数据。

X.1 比 赛 规 则

1. 初始状况

		初始状况				
资金状况	现金	600				
	长期贷款（万元）	0				
	短期贷款（万元）	0				
	应收账款（万元）	0				
	应付账款（万元）	0				
产品库存	产品库存	P1	P2	P3	P4	P5
	数量（件）	0	0	0	0	0
	价格（元）	0.00	0.00	0.00	0.00	0.00
原料库存	原料库存	R1	R2	R3	R4	
	数量	0	0	0	0	
	价格	0.00	0.00	0.00	0.00	
厂房	A厂房	B厂房	C厂房	D厂房		
	未拥有	未拥有	未拥有	未拥有		

续表

生产资质	P1	未获得
	P2	未获得
	P3	未获得
	P4	未获得
	P5	未获得
市场资质	本地市场	已开发完成
	区域市场	已开发完成
	国内市场	未开发
	亚洲市场	未开发
	国际市场	未开发

2. 初始资产负债表

万元

资产	期初数	期末数	负债和所有者权益	期初数	期末数
流动资产			**负债**		
现金	600	600	长期负债	0	0
应收款	0	0	短期负债	0	0
在制品	0	0	应付款	0	0
成品	0	0	应交税金	0	0
原料	0	0	一年内到期的长期负债	0	0
流动资产合计	600	600	**负债合计**	**0**	**0**
固定资产			**所有者权益**		
土地和建筑	0	0	股东资本	600	600
机器与设备	0	0	利润留存	0	0
在建工程	0	0	年度净利	0	0
固定资产合计	0	0	**所有者权益合计**	600	600
资产总计	600	600	**负债和所有者权益总计**	600	600

3. 市场资质研发规则

每次(年)投资额（万元）	本地市场研发投资次数	区域市场研发投资次数	国内市场研发投资次数	亚洲市场研发投资次数	国际市场研发投资次数	ISO 9000研发投资次数	ISO 14000研发投资次数
10	已完成	已完成	2	3	4	2	3

4. 产品生产资质研发规则

序号	产品标识	投资期（年）	每期投资额（万元）	每期天数（天）
1	P1	1	10	30
2	P2	2	10	30
3	P3	3	10	30
4	P4	4	10	60
5	P5	5	10	60

5. 厂房使用规则

序号	厂房标识	生产线容量	购买价格（万元）	每年租金（万元）	出售账期（天）	租金违约金比例	违约容忍期限（天）	OID减数1	OID减数2
1	A	4	250	50	160	0.1	30	0.1	0.1
2	B	4	250	50	160	0.1	30	0.1	0.1
3	C	4	250	50	160	0.1	30	0.1	0.1
4	D	4	250	50	160	0.1	30	0.1	0.1

6. 广告和企业知名度规则

广告类型	投放时间	市场	广告效应延迟时间	广告基数	第1年有效权重	第2年有效权重	第3年有效权重
战略	年中	分市场	3年	投入该市场有效战略广告总和	0.6	0.3	0.1
促销	年初订货会前	分市场	当年有效	该市场的促销广告总和	1	0	0

7. 原材料供货规则

序号	供应商标识	原料标识	单价（万元）	当前数量（件）	质保期（天）	交货期（天）	违约金比例	违约容忍期（天）	OID1	OID2	处理提前（天）
1	系统供应商	R1	11	2000	160	30	0.2	20	0.1	0.1	20
2	系统供应商	R2	11	2000	160	30	0.2	20	0.1	0.1	20
3	系统供应商	R3	11	2000	160	60	0.2	20	0.1	0.1	20
4	系统供应商	R4	11	2000	160	60	0.2	20	0.1	0.1	20

8. 现货市场规则

序号	商品标识	当前可售数量（件）	市场出售单价（万元）	市场收购单价（万元）	出售质保期（天）	交货期（天）	年份
1	R1	50	30	5	50	0	1
2	R2	50	30	5	50	0	1
3	R3	50	30	5	50	0	1
4	R4	50	30	5	50	0	1
5	P1	50	50	20	0	0	1
6	P2	50	70	30	0	0	1
7	P3	50	90	40	0	0	1
8	P4	50	100	50	0	0	1

9. 生产线规则

序号	生产线标识	安装每期投资（万元）	安装期数	每期安装天数	生产期数	每期生产天数	残值（万元）	技改期数	每期技改天数	每期技改费用（万元）	技改提升比例
1	手工线	50	0	0	2	90	5	1	20	30	0.25
2	自动线	50	3	30	1	75	15	1	20	20	0.20
3	柔性线	50	4	45	1	60	20	1	20	20	0.20

序号	转产期数	每期转产天数	每期转产费用（万元）	提取折旧天数	维修费（万元）	操作工人总数	初级以上人数	中级以上人数	高级以上人数	技改次数上限	折旧年限
1	0	0	0	360	5	3	3			2	6
2	2	20	20	360	15	2		1		1	6
3	0	0	0	360	20	2			1	1	6

10. 计件工资和工人人数规则

	初级工	中级工	高级工
计件工资（万元）	4	5	6
工人数量（人）	50	50	30

11. 产品物料清单规则

序号	产品标识	R1（件数）	R2（件数）	R3（件数）	R4（件数）	P1（件数）	P2（件数）	P3（件数）	P4（件数）
1	P1	1							
2	P2	1	1						
3	P3	1		1	1				
4	P4		1	1	2				
5	P5			1		1			

12. 交货规则

序号	市场	订单违约金比例	违约容忍期限（天）	OID 减数 1	OID 减数 2
1	本地	0.2	30	0.3	0.1
2	区域	0.2	30	0.3	0.1
3	国内	0.2	30	0.3	0.1
4	亚洲	0.2	30	0.3	0.1
5	国际	0.2	30	0.3	0.1

13. 贷款规则

序号	贷款类型	还款/利息违约容忍期（天）	利息违约金比例	还款违约金比例	本金 OID 减数 1	本金 OID 减数 2	利息 OID 减数 1	利息 OID 减数 2
1	长贷	25/30	0.1	0.1	0.1	0.2	0.1	0.2
2	短贷	25/30	0.1	0.1	0.1	0.2	0.1	0.2

贷款类型	贷款期限	最大贷款额度	贷款金额（每份）	利率
短贷	1～4 季	2 倍往年权益	10	0.05
长贷	1～5 年	2 倍往年权益	20	0.1

14. 贴现规则

序号	贴现费用率	贴现期（天数）
1	0.05	30
2	0.1	60
3	0.15	90
4	0.2	120

15. 费用计算规则

序号	费用类型	算法	计算值（万元）	费用比例	扣减资源	计算时间	是否手工操作
1	管理费	固定常数	5	1	现金	每月1日	是
2	维修费	生产线原值×费用比例	计算	0.1	现金	满360天	是
3	折旧	(生产线原值－残值)÷折旧年限	计算	1	生产线净值	满360天	系统自动扣除
4	所得税	应税金额×费用比例	计算	0.2	现金	每年年末	系统自动扣除

16. 费用违约规则

序号	费用明细	是否扣减全部市场OID	违约金比例	违约容忍期限（天）	OID减数1	OID减数2
1	管理费	否	0	30	0	0
2	所得税	否	0	30	0	0
3	折旧	否	0	30	0	0
4	维修费	否	0	30	0	0
5	基本工资	否	0	30	0	0
6	员工福利	否	0	30	0	0

X.2 市场价格和数量预测图

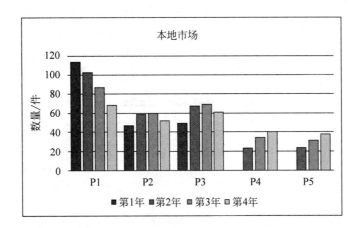

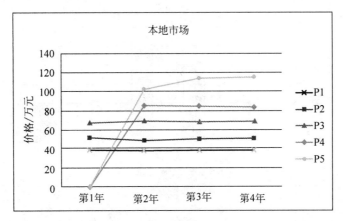

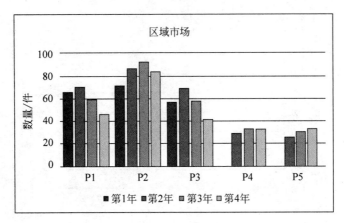

扫码看彩图

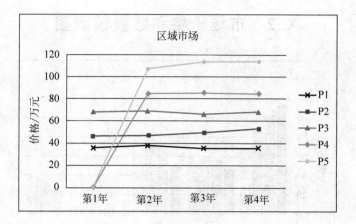

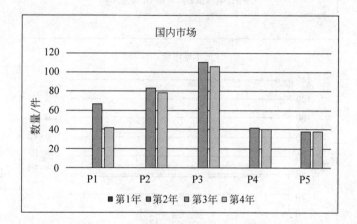

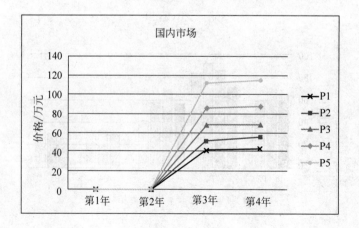

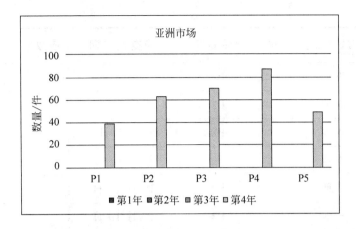

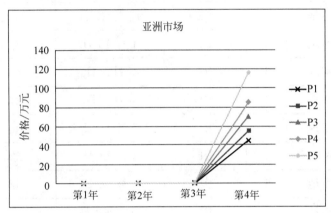

X.3 订单详情表

订单编号	市场标识	年度	产品标识	应交货日期	应收期(天)	ISO 标识
YC1	本地	1	P3	6月2日	26	0
YC2	本地	1	P3	7月9日	23	0
YC3	本地	1	P3	8月5日	28	0
YC4	本地	1	P3	9月9日	33	0
YC5	本地	1	P3	10月14日	34	0
YC6	本地	1	P3	11月22日	22	0
YC7	本地	1	P3	12月25日	37	0

续表

订单编号	市场标识	年度	产品标识	应交货日期	应收期（天）	ISO 标识
YC8	本地	1	P2	5月8日	20	0
YC9	本地	1	P2	7月15日	20	0
YC10	本地	1	P2	8月2日	21	0
YC11	本地	1	P2	9月22日	21	0
YC12	本地	1	P2	10月14日	24	0
YC13	本地	1	P2	11月19日	28	0
YC14	本地	1	P2	12月22日	31	0
YC15	本地	1	P1	4月13日	31	0
YC16	本地	1	P1	5月3日	40	0
YC17	本地	1	P1	6月2日	27	0
YC18	本地	1	P1	7月15日	36	0
YC19	本地	1	P1	8月14日	22	0
YC20	本地	1	P1	9月26日	32	0
YC21	本地	1	P1	11月22日	22	0
YC22	本地	1	P1	12月20日	32	0
YC23	区域	1	P3	6月9日	21	0
YC24	区域	1	P3	7月26日	22	0
YC25	区域	1	P3	8月20日	35	0
YC26	区域	1	P3	9月12日	36	0
YC27	区域	1	P3	10月14日	31	0
YC28	区域	1	P3	11月13日	32	0
YC29	区域	1	P3	12月28日	22	0
YC30	区域	1	P2	5月1日	23	0
YC31	区域	1	P2	6月17日	30	0
YC32	区域	1	P2	7月1日	31	0
YC33	区域	1	P2	8月4日	25	0

续表

订单编号	市场标识	年度	产品标识	应交货日期	应收期（天）	ISO 标识
YC34	区域	1	P2	9月9日	23	0
YC35	区域	1	P2	10月3日	32	0
YC36	区域	1	P2	11月17日	23	0
YC37	区域	1	P2	12月18日	26	0
YC38	区域	1	P1	4月3日	34	0
YC39	区域	1	P1	5月8日	35	0
YC40	区域	1	P1	6月13日	24	0
YC41	区域	1	P1	8月18日	29	0
YC42	区域	1	P1	10月9日	38	0
YC43	区域	1	P1	11月15日	21	0
YC44	区域	1	P1	12月21日	33	0
YC45	本地	2	P5	4月12日	37	0
YC46	本地	2	P5	10月10日	31	0
YC47	本地	2	P4	4月13日	37	0
YC48	本地	2	P4	12月28日	26	0
YC49	本地	2	P3	1月9日	34	0
YC50	本地	2	P3	3月12日	45	0
YC51	本地	2	P3	4月17日	36	0
YC52	本地	2	P3	6月9日	32	0
YC53	本地	2	P3	10月9日	29	0
YC54	本地	2	P3	12月25日	40	0
YC55	本地	2	P2	2月15日	35	0
YC56	本地	2	P2	4月2日	34	0
YC57	本地	2	P2	5月15日	27	0
YC58	本地	2	P2	6月22日	25	0
YC59	本地	2	P2	10月2日	34	0

续表

订单编号	市场标识	年度	产品标识	应交货日期	应收期（天）	ISO标识
YC60	本地	2	P2	11月7日	26	0
YC61	本地	2	P2	12月27日	37	0
YC62	本地	2	P1	1月16日	26	0
YC63	本地	2	P1	3月4日	31	0
YC64	本地	2	P1	4月2日	41	0
YC65	本地	2	P1	5月15日	36	0
YC66	本地	2	P1	8月2日	39	0
YC67	本地	2	P1	10月12日	27	0
YC68	本地	2	P1	12月22日	40	0
YC69	区域	2	P5	6月29日	38	0
YC70	区域	2	P5	12月12日	31	0
YC71	区域	2	P4	7月22日	40	0
YC72	区域	2	P4	12月9日	29	0
YC73	区域	2	P3	2月9日	28	0
YC74	区域	2	P3	3月19日	39	0
YC75	区域	2	P3	5月12日	25	0
YC76	区域	2	P3	7月12日	29	0
YC77	区域	2	P3	9月4日	33	0
YC78	区域	2	P3	10月22日	43	0
YC79	区域	2	P2	1月11日	35	0
YC80	区域	2	P2	2月16日	36	0
YC81	区域	2	P2	4月11日	38	0
YC82	区域	2	P2	6月29日	28	0
YC83	区域	2	P2	8月2日	36	0
YC84	区域	2	P2	11月1日	44	0
YC85	区域	2	P2	12月12日	28	0

续表

订单编号	市场标识	年度	产品标识	应交货日期	应收期（天）	ISO 标识
YC86	区域	2	P1	2月9日	27	0
YC87	区域	2	P1	3月19日	33	0
YC88	区域	2	P1	5月2日	25	0
YC89	区域	2	P1	6月7日	38	0
YC90	区域	2	P1	8月19日	35	0
YC91	区域	2	P1	10月9日	28	0
YC92	区域	2	P1	12月18日	43	0
YC93	本地	3	P5	2月22日	37	ZS1
YC94	本地	3	P5	8月12日	36	ZS1
YC95	本地	3	P5	11月22日	48	0
YC96	本地	3	P4	1月21日	38	ZS1
YC97	本地	3	P4	7月22日	39	ZS1
YC98	本地	3	P4	11月13日	49	0
YC99	本地	3	P3	2月1日	39	ZS1
YC100	本地	3	P3	4月18日	43	0
YC101	本地	3	P3	6月2日	42	0
YC102	本地	3	P3	8月2日	41	ZS1
YC103	本地	3	P3	11月13日	47	0
YC104	本地	3	P3	12月12日	34	ZS1
YC105	本地	3	P2	2月26日	30	ZS1
YC106	本地	3	P2	4月6日	39	ZS1
YC107	本地	3	P2	7月22日	46	ZS1
YC108	本地	3	P2	9月22日	41	ZS1
YC109	本地	3	P2	11月12日	34	0
YC110	本地	3	P2	12月21日	45	0
YC111	本地	3	P1	1月12日	33	ZS1

续表

订单编号	市场标识	年度	产品标识	应交货日期	应收期（天）	ISO标识
YC112	本地	3	P1	2月13日	42	0
YC113	本地	3	P1	5月14日	49	ZS1
YC114	本地	3	P1	8月9日	30	0
YC115	本地	3	P1	9月24日	39	ZS1
YC116	本地	3	P1	10月27日	33	0
YC117	本地	3	P1	12月11日	38	ZS1
YC118	区域	3	P5	5月21日	36	ZS1
YC119	区域	3	P5	10月15日	32	0
YC120	区域	3	P5	12月11日	34	ZS1
YC121	区域	3	P4	5月2日	31	ZS1
YC122	区域	3	P4	10月20日	42	ZS1
YC123	区域	3	P4	12月12日	36	0
YC124	区域	3	P3	2月28日	43	0
YC125	区域	3	P3	3月22日	39	ZS1
YC126	区域	3	P3	6月12日	47	ZS1
YC127	区域	3	P3	7月12日	38	0
YC128	区域	3	P3	10月2日	44	ZS1
YC129	区域	3	P3	12月13日	49	ZS1
YC130	区域	3	P2	2月12日	35	ZS1
YC131	区域	3	P2	4月12日	36	0
YC132	区域	3	P2	6月28日	45	ZS1
YC133	区域	3	P2	8月23日	39	ZS1
YC134	区域	3	P2	10月12日	41	0
YC135	区域	3	P2	11月9日	33	ZS1
YC136	区域	3	P2	12月12日	31	ZS1
YC137	区域	3	P1	2月17日	40	ZS1

续表

订单编号	市场标识	年度	产品标识	应交货日期	应收期（天）	ISO 标识
YC138	区域	3	P1	5月2日	44	0
YC139	区域	3	P1	8月12日	48	ZS1
YC140	区域	3	P1	9月28日	33	ZS1
YC141	区域	3	P1	11月30日	31	0
YC142	区域	3	P1	12月1日	44	ZS1
YC143	国内	3	P5	1月12日	30	0
YC144	国内	3	P5	7月17日	49	ZS1
YC145	国内	3	P5	12月23日	30	ZS1
YC146	国内	3	P4	4月17日	47	ZS1
YC147	国内	3	P4	7月12日	42	ZS1
YC148	国内	3	P4	10月6日	43	0
YC149	国内	3	P4	12月13日	47	ZS1
YC150	国内	3	P3	2月20日	37	ZS1
YC151	国内	3	P3	3月18日	37	ZS1
YC152	国内	3	P3	4月22日	37	0
YC153	国内	3	P3	7月19日	48	ZS1
YC154	国内	3	P3	8月12日	42	0
YC155	国内	3	P3	11月12日	48	ZS1
YC156	国内	3	P3	12月3日	35	0
YC157	国内	3	P2	1月21日	33	ZS1
YC158	国内	3	P2	4月9日	38	0
YC159	国内	3	P2	6月22日	48	ZS1
YC160	国内	3	P2	7月18日	37	ZS1
YC161	国内	3	P2	10月2日	39	0
YC162	国内	3	P2	11月12日	49	ZS1
YC163	国内	3	P1	1月19日	45	ZS1

续表

订单编号	市场标识	年度	产品标识	应交货日期	应收期（天）	ISO 标识
YC164	国内	3	P1	4月12日	42	ZS1
YC165	国内	3	P1	7月12日	43	0
YC166	国内	3	P1	9月24日	36	ZS1
YC167	国内	3	P1	10月22日	45	ZS1
YC168	国内	3	P1	12月19日	43	0
YC169	本地	4	P5	2月30日	58	ZS1
YC170	本地	4	P5	7月13日	46	0
YC171	本地	4	P5	10月24日	44	ZS1,ZS2
YC172	本地	4	P4	2月20日	45	ZS1,ZS2
YC173	本地	4	P4	7月3日	41	ZS1
YC174	本地	4	P4	11月23日	45	ZS2
YC175	本地	4	P4	12月22日	59	ZS2
YC176	本地	4	P3	2月6日	40	ZS2
YC177	本地	4	P3	4月3日	50	ZS1,ZS2
YC178	本地	4	P3	7月6日	50	ZS2
YC179	本地	4	P3	10月10日	59	ZS1
YC180	本地	4	P3	11月22日	44	ZS2
YC181	本地	4	P3	12月18日	49	0
YC182	本地	4	P2	2月26日	52	0
YC183	本地	4	P2	4月2日	51	ZS1,ZS2
YC184	本地	4	P2	5月22日	48	ZS2
YC185	本地	4	P2	7月23日	57	ZS1
YC186	本地	4	P2	10月11日	45	0
YC187	本地	4	P2	12月18日	57	ZS1,ZS2
YC188	本地	4	P1	1月19日	55	ZS1
YC189	本地	4	P1	4月2日	59	ZS1

续表

订单编号	市场标识	年度	产品标识	应交货日期	应收期（天）	ISO 标识
YC190	本地	4	P1	5月19日	57	ZS1,ZS2
YC191	本地	4	P1	8月27日	49	ZS1,ZS2
YC192	本地	4	P1	9月19日	48	ZS1
YC193	本地	4	P1	10月24日	54	0
YC194	本地	4	P1	12月12日	48	ZS2
YC195	区域	4	P5	5月28日	48	ZS2
YC196	区域	4	P5	8月27日	46	0
YC197	区域	4	P5	10月28日	47	ZS1
YC198	区域	4	P4	5月22日	54	ZS1
YC199	区域	4	P4	10月18日	56	ZS2
YC200	区域	4	P4	12月18日	56	0
YC201	区域	4	P3	2月11日	50	ZS1
YC202	区域	4	P3	5月28日	45	ZS2
YC203	区域	4	P3	7月28日	48	ZS2
YC204	区域	4	P3	11月22日	54	0
YC205	区域	4	P3	12月12日	47	ZS1,ZS2
YC206	区域	4	P2	2月8日	44	ZS2
YC207	区域	4	P2	4月11日	57	ZS1
YC208	区域	4	P2	5月18日	48	ZS1
YC209	区域	4	P2	6月17日	48	ZS1
YC210	区域	4	P2	7月29日	43	ZS2
YC211	区域	4	P2	9月2日	56	ZS1,ZS2
YC212	区域	4	P2	10月11日	52	ZS1,ZS2
YC213	区域	4	P2	12月8日	48	ZS1,ZS2
YC214	区域	4	P1	2月7日	58	ZS2
YC215	区域	4	P1	3月21日	46	ZS2

续表

订单编号	市场标识	年度	产品标识	应交货日期	应收期（天）	ISO 标识
YC216	区域	4	P1	5月18日	42	ZS1
YC217	区域	4	P1	9月2日	41	ZS1,ZS2
YC218	区域	4	P1	11月12日	57	ZS2
YC219	区域	4	P1	12月7日	49	0
YC220	国内	4	P5	5月9日	57	ZS2
YC221	国内	4	P5	6月30日	41	0
YC222	国内	4	P5	8月2日	45	ZS1,ZS2
YC223	国内	4	P4	4月29日	49	ZS1,ZS2
YC224	国内	4	P4	6月10日	56	ZS2
YC225	国内	4	P4	8月5日	47	0
YC226	国内	4	P4	10月11日	57	ZS1,ZS2
YC227	国内	4	P3	2月7日	56	ZS1,ZS2
YC228	国内	4	P3	3月23日	55	ZS2
YC229	国内	4	P3	6月8日	47	ZS1
YC230	国内	4	P3	7月12日	54	ZS2
YC231	国内	4	P3	8月27日	41	0
YC232	国内	4	P3	10月12日	59	ZS1,ZS2
YC233	国内	4	P3	12月22日	60	0
YC234	国内	4	P2	2月4日	49	ZS2
YC235	国内	4	P2	5月17日	41	ZS1,ZS2
YC236	国内	4	P2	8月22日	47	ZS1
YC237	国内	4	P2	9月10日	49	ZS2
YC238	国内	4	P2	10月19日	59	ZS1,ZS2
YC239	国内	4	P2	11月22日	42	ZS2
YC240	国内	4	P2	12月21日	57	ZS1,ZS2
YC241	国内	4	P1	2月8日	45	ZS2
YC242	国内	4	P1	4月12日	43	ZS1,ZS2
YC243	国内	4	P1	8月27日	48	ZS1
YC244	国内	4	P1	10月18日	53	ZS1,ZS2

续表

订单编号	市场标识	年度	产品标识	应交货日期	应收期（天）	ISO 标识
YC245	国内	4	P1	12月18日	47	ZS1,ZS2
YC246	亚洲	4	P5	2月16日	43	ZS1,ZS2
YC247	亚洲	4	P5	8月29日	46	0
YC248	亚洲	4	P5	12月24日	53	ZS1
YC249	亚洲	4	P4	2月15日	49	ZS2
YC250	亚洲	4	P4	5月29日	43	ZS2
YC251	亚洲	4	P4	7月29日	51	ZS2
YC252	亚洲	4	P4	9月2日	44	0
YC253	亚洲	4	P4	11月3日	58	ZS1,ZS2
YC254	亚洲	4	P4	12月29日	53	0
YC255	亚洲	4	P3	2月13日	55	ZS1,ZS2
YC256	亚洲	4	P3	5月2日	57	ZS1
YC257	亚洲	4	P3	7月2日	53	ZS1
YC258	亚洲	4	P3	9月2日	58	ZS2
YC259	亚洲	4	P3	12月18日	52	ZS2
YC260	亚洲	4	P2	1月12日	40	ZS1,ZS2
YC261	亚洲	4	P2	4月25日	55	ZS1,ZS2
YC262	亚洲	4	P2	7月2日	57	ZS1
YC263	亚洲	4	P2	8月22日	45	ZS1,ZS2
YC264	亚洲	4	P2	12月12日	49	0
YC265	亚洲	4	P1	1月15日	57	ZS2
YC266	亚洲	4	P1	2月3日	60	ZS1
YC267	亚洲	4	P1	5月14日	47	ZS1,ZS2
YC268	亚洲	4	P1	6月10日	51	0
YC269	亚洲	4	P1	10月12日	45	ZS1,ZS2

教学支持说明

▶▶ 课件申请

尊敬的老师：

您好！感谢您选用清华大学出版社的教材！为更好地服务教学，我们为采用本书作为教材的老师提供教学辅助资源。部分资源仅提供给授课教师使用，请您直接用手机扫描下方二维码完成认证及申请。

扫描二维码
获取教学辅助资源

▶▶ 样书申请

为方便教师选用教材，我们为您提供免费赠送样书服务。授课教师扫描下方二维码即可获取清华大学出版社教材电子书目。在线填写个人信息，经审核认证后即可获取所选教材。我们会第一时间为您寄送样书。

任课教师扫描二维码
可获取教材电子书目

 清华大学出版社

E-mail：tupfuwu@163.com　　　　　　　　网址：http://www.tup.com.cn/
电话：010-83470332 / 83470142　　　　　　传真：8610-83470107
地址：北京市海淀区双清路学研大厦B座509室　邮编：100084

○ 管理科学工程 ○

运筹学（第 4 版）

本书特色
经典教材，课件完备，多次重印，广受好评。

教辅材料
课件

书号：9787302288794
作者：《运筹学》教材编写组
定价：58.00 元
出版日期：2012.8

任课教师免费申请

运筹学（第 4 版）本科版

本书特色
经典教材，课件完备，多次重印，广受好评。

教辅材料
课件

书号：9787302306412
作者：《运筹学》教材编写组
定价：48.00 元
出版日期：2012.11

任课教师免费申请

运筹学习题集（第 5 版）

本书特色
名师大作。习题、解答、案例、案例分析，丰富的学习辅助资源，配套《运筹学教程》。

获奖信息
"十二五"普通高等教育本科国家级规划教材

书号：9787302523987
作者：胡运权 主编
定价：58.00 元
出版日期：2019.3

任课教师免费申请

运筹学教程（第 5 版）

本书特色
"互联网+"教材。名师大作，经典运筹学教材，课件、习题等教辅资源完备，难度适中，配套《运筹学习题集》。

教辅材料
教学大纲、课件、习题答案、试题库

获奖信息
"十二五"普通高等教育本科国家级规划教材

书号：9787302481256
作者：胡运权 主编，郭耀煌 副主编
定价：59.00 元
出版日期：2018.7

任课教师免费申请

管理信息系统（第 6 版）

本书特色
名师大作，经典管理信息系统教材，发行百万多册，即将改版。

教辅材料
课件

获奖信息
"十二五"普通高等教育本科国家级规划教材

书号：9787302268574
作者：薛华成
定价：49.80 元
出版日期：2011.12

任课教师免费申请

管理信息系统（第 6 版）简明版

本书特色
名师大作，经典管理信息系统教材，简明版更适合非信息管理专业学生。

教辅材料
课件

获奖信息
"十二五"普通高等教育本科国家级规划教材

书号：9787302330950
作者：薛华成
定价：45.00 元
出版日期：2013.7

任课教师免费申请

管理科学工程

管理信息系统：管理数字化公司（全球版·第12版）

本书特色
原汁原味，全球高校广泛采用，兼具权威性和新颖性，更加灵活和可定制化。

教辅材料
课件、习题库

书号：9787302449706
作者：（美）肯尼思·C. 劳顿 简·P. 劳顿
定价：79.00元
出版日期：2016.8

任课教师免费申请

数据、模型与决策

本书特色
创新型教材，理论与实践兼备，课件资源丰富。

教辅材料
课件

书号：9787302524731
作者：张晓冬 周晓光 李英姿
定价：49.00元
出版日期：2019.3

任课教师免费申请

信息技术应用基础教程（第二版）

本书特色
操作性强，简明实用，适合应用型本科及高职层次，数十所大学采用，广受欢迎。

教辅材料
教学大纲、课件

书号：9787302527503
作者：丁韵梅 谭予星 等
定价：48.80元
出版日期：2019.6

任课教师免费申请

信息管理学教程（第五版）

本书特色
经典教材，结构合理，多次改版。

教辅材料
课件

书号：9787302526841
作者：杜栋
定价：48.00元
出版日期：2019.3

任课教师免费申请

运营管理（第二版）

本书特色
"互联网+"教材，结构合理，形式丰富，课件齐全，便于教学。

教辅材料
教学大纲、课件、教师指导手册、案例解析等

获奖信息
辽宁省"十二五"规划教材

书号：9787302531593
作者：李新然 主编，俞明南 副主编
定价：49.00元
出版日期：2019.8

任课教师免费申请

现代生产管理学（第四版）

本书特色
经典的生产管理学教材，畅销多年，课件齐全。

教辅材料
课件

书号：9787302491217
作者：潘家轺
定价：49.00元
出版日期：2018.3

任课教师免费申请

○ 管理科学工程 ○

质量管理学（第三版）

本书特色
畅销教材的最新修订版，内容丰富，课件完备。

教辅材料
课件

书号：9787302499206
作者：刘广弟
定价：49.00 元
出版日期：2018.5

任课教师免费申请

国际认证认可——质量管理与认证实践

本书特色
专门的质量认证认可方面的高校课程和培训教材。全面介绍认证认可、质量管理体系认证、产品认证、服务认证的相关知识。作者多年从业经验，教材紧密结合实践，辅助资源齐全。

教辅材料
课件

书号：9787302513896
作者：刘建辉
定价：49.00 元
出版日期：2018.10

任课教师免费申请

项目管理（第3版）

本书特色
"十二五"国家规划教材，根据最新 PMBOK 更新改版，理论结合应用。

教辅材料
课件

获奖信息
"十二五"普通高等教育本科国家级规划教材

书号：9787302481287
作者：毕星
定价：29.00 元
出版日期：2017.11

任课教师免费申请

项目管理

本书特色
实用性强，深入浅出，课件完备。

教辅材料
课件

书号：9787302548737
作者：许鑫 姚占雷
定价：48.00 元
出版日期：2020.3

任课教师免费申请

建设工程招投标与合同管理

本书特色
创新型"互联网+"教材，章末增设在线测试习题，课件资源丰富。

教辅材料
课件

书号：9787302528289
作者：赵振宇
定价：45.00 元
出版日期：2019.6

任课教师免费申请

ERP 原理与实施

本书特色
原理与实施相结合，内容全面实用。

教辅材料
课件

书号：9787302470526
作者：金镭 沈庆宁
定价：42.00 元
出版日期：2017.6

任课教师免费申请

○ 管理科学工程 ○

管理决策模型与方法

本书特色
"互联网+"教材，结构合理，形式丰富，课件齐全，便于教学。

教辅材料
教学大纲、课件

书号：9787302508502
作者：金玉兰 沈元蕊
定价：45.00 元
出版日期：2019.6

任课教师免费申请

软件项目管理（第二版）

本书特色
"互联网+"创新型立体化教材，增设在线测试题，配套资源完备，附赠课件。

教辅材料
课件、习题答案、案例解析

书号：9787302556831
作者：夏辉 徐朋 王晓丹 屈巍 杨伟吉 刘澍
定价：49.00 元
出版日期：2020.7

任课教师免费申请

生产计划与管控

本书特色
"互联网+"教材，内容全面，深入浅出，注重实践，教辅丰富。

教辅材料
教学大纲、课件、习题答案、案例解析

书号：9787302571643
作者：孔繁森
定价：79.00 元
出版日期：2021.8

任课教师免费申请

运筹学导论（英文版·第11版）

本书特色
运筹学经典教材，在国外高校中有很高的采用率，原汁原味英文版，配有中文翻译版，原书配套网站提供丰富资源。

教辅材料
课件、习题答案、习题库、数据集

书号：9787302580904
作者：[美]弗雷德里克·希利尔 杰拉尔德·利伯曼
定价：99.00 元
出版日期：2021.5

任课教师免费申请